COMPRENDIENDO A
SUN MYUNG MOON

VOLUMEN II

cuadernos para la paz

1ª Edición española: enero de 2022

Edición de la Federación de Familias por la Paz y la Unificación del Mundo de España
Email: administrador@unificacion.org
Web: www.unificacion.org

Publicado por la Editorial Cuadernos para la Paz
Email: cuadernosparalapaz@gmail.com

ISBN: 978-84-123590-6-0

Sumario

Editorial

En este nuevo volumen de la Revista Cuadernos para la Paz, os presentamos una serie de discursos de Sun Myung Moon, a lo largo de su vida.

En este segundo volumen, hemos reunido distintos discursos que nos pueden ayudar a comprender mejor su vida y su trabajo en extender sus ideales de conseguir un Mundo de Paz y de Amor Verdadero.

Hay textos que van entre el año 1.972 hasta la última conferencia de este libro es la que se realizo en su visita a la ciudad de Madrid, en el Hotel Palace el 26 de Abril de 2011.

Son palabras nuevas, que traen una nueva visión y esperanza a toda la humanidad, sin distinción de creencias, nacionalidades, o razas.

Agradeciendo vuestra atención en leer este libro y esperando que os pueda ser útil en vuestro desarrollo personal y vida de fe.

Miguel Calvís y Maryvonne Jamois

¿Por qué debemos pasar por dificultades?

Sun Myung Moon

Soo Taek Lee, Corea   11 de septiembre, 1972

Debe toda religión pasar por dificultades para alcanzar su propósito final. ¿Por qué es eso necesario?

De acuerdo a las enseñanzas del Principio, el hombre se degradó hasta un nivel fuera de los principios básicos de la creación. El hombre, exteriormente, mantuvo la misma apariencia pero, visto según el ideal original de Dios, no tiene el valor interno que corresponde al Principio. Para que el hombre caído pueda restaurarse, debe seguir la dirección contraria: el camino de la restauración.

Según el Principio, Dios es el Sujeto y nosotros estamos en la posición de Objetos. Si el hombre no hubiera caído, Sujeto y Objeto habrían alcanzado el mismo ideal. Pero debido a la caída, aunque estamos en la posición de Objetos de Dios, no tenemos el valor que corresponde a esa posición y Dios no puede relacionarse con nosotros como Sus Objetos.

¿Por qué creó Dios al hombre? Primero porque quería tener un ser con el que mantener una relación como Su Objeto. En segundo lugar porque Dios necesitaba una apariencia externa para comunicarse con el mundo invisible y el mundo físico. Según esto, ¿qué papel tenía Adán?

El Dios invisible tenía que expresarse mediante la forma sustancial de Adán para poder así ser el Sujeto del mundo sustancial.

En tercer lugar, Dios creó al hombre para realizar Su ideal del amor. En ese ideal, Sujeto y Objeto deben formar una unidad. Dios quería que ese mundo ideal de amor durara toda la eternidad. Dios creó al hombre teniendo en cuenta estos tres propósitos.

En el acto de creación, Dios tuvo que invertir toda Su energía. Dios, como Sujeto, da Su energía al hombre, como Objeto. Y este fluir de energía se mantiene hasta que el objeto alcanza la perfección. El ideal de Dios se cumple cuando el Sujeto y el Objeto se unen siguiendo este proceso.

Como enseña el Principio, para alcanzar el nivel de perfección debemos pasar por tres etapas. A este proceso se le denomina *periodo de crecimiento*, siendo al mismo tiempo el periodo en que Dios invierte Su energía. Cuando Dios da esta energía y nosotros mantenemos la posición de Objetos ante Él, ésta puede volver a Dios. Según el ideal de la creación, el amor de Dios nace en el nivel de perfección. El poder del amor de Dios no puede volver por Sí mismo, hasta que la capacidad que el objeto tiene para corresponder a ese amor sea perfecta. Sólo el amor permite que la energía que Dios ha invertido pueda volver a Él.

La labor de Dios ha sido crear ese ser objetivo. Y para lograr que estos seres existan, debe ser sacrificada o usada, cierta energía. Así es la realidad original de la creación.

Un camino de sacrificio

Por lo tanto, como seres humanos que debemos recorrer el camino de la recreación o la restauración, no nos queda más remedio que ir por el camino del sacrificio. No podemos recreamos por nosotros mismos, debemos hacerlo con la ayuda de Dios siguiendo el sendero de invertir energía para lograr la personalidad ideal. Estamos en una posición en la que Dios debe invertir Su energía una vez más, debe haber sacrificio. Y ya que éste es el modelo original del Principio, una religión que busque el mundo ideal o la perfección de los seres humanos, debe ir por un camino de penalidades. Debemos sacrificar nuestro egoísmo y cuanto mayor sea ese sacrificio, mayor la restauración de nuestra naturaleza original que viene de Dios. Debido a la caída, tenemos que seguir el camino de la recreación; y por ello las personas religiosas deben ir por un camino de dificultades. Éste es el punto fundamental de la recreación.

En el proceso de la creación, Dios creó el mundo Angélico antes que el mundo físico. En el mundo de los ángeles no era donde Dios podía realizar Su ideal de seres sustanciales en la posición de Sus Objetos. La creación de los ángeles era una etapa en el proceso hacia Su objetivo último. Finalmente, Dios, junto con los ángeles, creó el mundo substancial como Su Objeto, el mundo de todas las cosas físicas.

Dios, con la ayuda de los ángeles, creó al ser humano. En un plano espiritual, los ángeles estaban en una posición objetiva ante Dios. El hombre, al ser sustancial, estaba en una posición distinta. Dios creó a los ángeles para cumplir una posición objetiva, alabándole y asesorándole. De esa manera, Dios se sentía estimulado por el mundo intermedio de los ángeles en el proceso de la creación del hombre. En cada etapa de la creación del hombre, los ángeles, como objetos de Dios, mostraban su gratitud y animaban a Dios, quien, de esa manera, sentía alegría en el proceso de crear al hombre.

Dios invirtió toda Su energía en el proceso de la creación del hombre. Pero, por otro lado, se sentía estimulado ya que el arcángel le alababa y confortaba. Debido a que Dios creó al ser humano con la ayuda de los ángeles, el hombre debe satisfacer el valor y el propósito del ángel además de cumplir su propósito especifico como ser humano. Por eso el hombre tiene un valor dual. Por un lado Dios aspira a la perfección humana y, por el otro, el arcángel tiene puesta su esperanza en el hombre y desea asistirle. Es decir, Adán debe llegar a ser el ser perfecto que se halla en los ideales del arcángel y, además, debe alcanzar la perfección buscada por el ideal de Dios.

¿Por qué, entonces, creó Dios a la mujer? Dios y el arcángel, o Dios y el hombre, están en una relación vertical directa, en una relación entre superior e inferior dentro de un mismo eje vertical. Por eso, si el arcángel está en el vértice central, Dios debe mantenerse en ese mismo vértice.

El mundo de lo objetivo o complementario es necesario porque es allí donde la relación vertical puede encontrar nuevos horizontes. El propósito de la creación, por tanto, es aplicar la relación vertical al plano horizontal.

Cuando todo haya alcanzado la perfección, Dios y el arcángel, o Dios y Adán, permanecerán en un único punto central. Dios creó a Eva para ampliar este eje vertical a un plano horizontal. Así, el amor vertical se transformaría en amor horizontal.

Adán debe llevar a la perfección el propósito del arcángel y, al mismo tiempo, ser la figura central del ideal de Dios. Por tanto, Adán está

en la posición de perfeccionar los ideales de Dios y del arcángel.

Dios creó a seres objetivos en parejas para multiplicar Su amor vertical en el plano horizontal. Adán y Eva debían unirse, centrados en Dios, para permitir que el poder del amor vertical actuara horizontalmente. Sin embargo, ya que esto no fue posible debido a la caída, la providencia de Dios hasta el presente ha tenido como objetivo restaurar esa posición.

En primer lugar debe cumplirse la misión del arcángel, ya que el mundo angélico fue creado primero. A continuación debe cumplirse el propósito de Adán como ser destinado a ocupar una posición objetiva ante Dios. Una vez alcanzada la posición de ser perfecto dentro del ideal de Dios, el ideal del amor vertical de Dios puede desarrollarse horizontalmente. Así aparecería un mundo creado en la posición objetiva que sería el Reino de los Cielos centrado en Dios.

La creación de Eva

Los hijos tienen una relación vertical con sus padres. Mediante el amor que *experimentan con* sus padres, los hijos aprenden a amar a otras personas. Después de unirse con los padres verticalmente, aprenden a unirse horizontalmente. La relación vertical ocuparía una posición sujeto y la relación horizontal se desarrollaría en la posición de objeto.

Dios creó a los seres objetivos Adán y Eva para que el amor vertical se desarrollara en el nivel horizontal. Si Eva no hubiera sido creada, el hombre habría permanecido en una relación vertical con Dios, en una posición similar a la de los ángeles. Pero éste no era el ideal que Dios deseaba para el mundo sustancial. Dios tuvo que crear el mundo sustancial para desarrollar Su ideal horizontal. Eva representa ese

ideal horizontal.

Cuando Adán y Eva se unen, establecen una relación recíproca de Sujeto y Objeto el uno con el otro. Sobre la base de esta unidad entre Adán y Eva, Dios llega a ser el Sujeto vertical. De esta manera, ambos llegan a ser intermediarios del amor de Dios tanto vertical como horizontalmente. Por eso, Adán necesita a Eva a su lado. Cuando se unen en el nivel horizontal lo hacen también de forma natural a un nivel vertical.

Cuando Adán alcanza la perfección, la energía que Dios invirtió en Adán vuelve a Él mucho más fuerte que antes. Esta energía capaz de estimular a Dios es lo que llamamos amor. El amor que vuelve a Dios es mucho más fuerte que el amor que fue dado por Él en un comienzo. Por eso, Dios puede sentir una gran alegría.

Los padres aman a sus hijos y no les importa sacrificarse por ellos. En ese sacrificio va implícito su corazón de amor, por eso, por mucha energía que inviertan en sus hijos, ésta vuelve a ellos transformada en el amor más hermoso. Cuanto más dan de sí mismos, mayor alegría sienten. Gracias a esta energía pueden superar las penalidades del sacrificio.

Un hombre y una mujer también sienten alegría aunque deban sacrificarse el uno por el otro hasta el punto de dar la vida. Se siente una alegría infinita cuando se invierte infinitamente. Por el mismo principio, el amor vuelve a Dios con una fuerza mayor que la invertida inicialmente por Él. Mediante este estímulo, Dios siente alegría.

El sacrificio en sí mismo no añade nada, es una fuerza negativa. ¿Cómo podemos, sentir alegría cuando disminuimos? Aparentemente parece algo del todo imposible. Sin embargo, sí es posible cuando se tiene en cuenta el amor.

¿Por qué invirtió Dios todo Su amor? Porque mediante una relación de amor entre el Sujeto y el Objeto se pone en marcha una acción eterna de dar y recibir que multiplica la energía de Dios. Consecuentemente podemos afirmar que la eternidad no puede alcanzarse sin el amor y sin concluir que Dios es amor.

De acuerdo a las leyes de la mecánica o principios de la física, es imposible que se genere más de lo que se invierte. Pero cuando nos referimos a la energía de Dios, el resultado final es mayor que la inversión original.

El amor conlleva sacrificio

Por eso, no se pueden establecer relaciones verdaderas de padre e hijo, marido y esposa, hermano y hermana a menos que nos relacionamos con un amor que implique el sacrificio. La autenticidad de esas relaciones dependerá del nivel del amor.

Los hijos comprenden que sus padres realmente les aman cuando ven que éstos se sacrifican sinceramente por ellos. Aunque la posición de sacrificio represente siempre una situación penosa, si los hijos lo saben apreciar y aman a sus padres, entonces éstos sentirán una alegría aún mayor.

De la misma manera, si en una verdadera pareja se sacrifican el uno por el otro, se renovará constantemente el amor y, también, la capacidad de sacrificio. Cuando marido y esposa comparten su sufrimiento, se mantendrán unidos eternamente. Los amigos verdaderos son los que se sacrifican el uno por el otro. El amor mora allá donde uno se sacrifica a sí mismo y se da a los demás. Por eso, el sacrificio acompaña al amor.

Hasta ahora Dios no ha podido amar al hombre verdaderamente debido a que éste cayó y no alcanzó la perfección. Por eso nunca ha existido un objeto perfecto que pudiera corresponder al amor de Dios.

Si queremos alcanzar de verdad el amor, debemos situarnos en la misma posición de Dios y darlo todo hasta lograr la perfección de nuestro objeto de amor, al igual que Dios lo ha hecho. Los padres lo dan todo por sus hijos hasta que éstos se casan. Se sacrifican y lo dan todo hasta que los hijos entienden su corazón. Pero si los hijos lo saben apreciar y muestran tener piedad filial hacia los padres, éstos se llenan de alegría y olvidan todo el sacrificio. Así es el amor.

Desde el punto de vista de Dios y del Principio, sin sacrificio es absolutamente imposible alcanzar la perfección. A lo largo del camino de la restauración debemos esforzarnos y recrear el yo ideal que pueda alcanzar el estándar de Dios.

Dios creó al arcángel y a Adán para cumplir el ideal del amor. En el curso de la restauración, debemos seguir los principios de la recreación. Por ello, los seres humanos debemos restaurar en primer lugar el mundo del arcángel.

El sendero de la fe exige la restauración del mundo invisible, o sea, los dominios del arcángel. Durante este proceso necesitamos llevar una vida de fe. En el curso de nuestra vida de fe debemos restaurar el camino del arcángel a lo largo de la historia.

Según el principio de la restauración, debemos superar la era del siervo de siervos para llegar a la era del siervo. A continuación, debemos alcanzar el nivel de hijo adoptivo y, finalmente, llegar a la dimensión de hijo verdadero que es el estándar original de perfección. Ése es el estado en que el novio y la novia, Adán y Eva perfectos, pueden establecer un amor horizontal ideal.

Tenemos que ir por el curso del arcángel y el periodo de crecimiento de Adán, recibiendo el amor vertical de Dios hasta que alcancemos la perfección. Entonces podremos iniciar nuestra expansión hacia el plano horizontal. Por consiguiente, la meta de Dios a lo largo de la historia hasta el presente ha sido la perfección de un hombre, Adán, en la posición de Objeto de Dios. Así, Adán llega a ser la figura central en un plano horizontal. Si Adán llega a unirse completamente a Dios, y Adán y Eva se unen entre sí, Dios, Adán y Eva forman una unidad. En ese momento lo vertical y lo horizontal, mediante el amor, estarían unidos perfectamente. Y donde quiera que fueran, vivirían llenos de alegría. Ése ambiente sería el Reino de los Cielos.

Ya que el ideal del Reino de los Cielos fue destruido por la caída, debemos rehacerlo una vez más.

El problema está en la existencia de Satán, pero si el mundo angélico logra la perfección, a Satán no le queda más remedio que desaparecer. El arcángel no logra la perfección por sí mismo sino a través de la perfección de Adán. Si Adán alcanza la perfección, se consigue además la perfección del ideal del arcángel y, de esa manera, Satán no tendría cabida en este universo.

Dado que el mundo angélico es imperfecto, Satán aún puede existir, pero una vez que se consiga la perfección, éste no podrá continuar. Por tanto, la perfección de Adán es la tarea más importante y definitiva. Por esta razón, Dios ha estado trabajando hasta el presente para lograr la perfección de Adán. Y ese Adán en estado de perfección es el Mesías.

Para retornar a Dios, el hombre caído debe primero ser siervo de siervo, es decir, del arcángel. El mejor señor es aquel que mira por el bien de su siervo. Y éste debe esforzarse por encontrar a ese señor.

La caída destruyó el ideal de Dios al centrar el amor en uno mismo. El ideal de Dios es el amor. Por eso, dondequiera que exista un amor egoísta, no podrá surgir nunca un proceso de restauración.

No nos está permitido quejarnos

¿Por qué Dios nos pide que seamos obedientes? No para Su propia alegría sino para la del hombre. Dios sitúa al hombre en la posición de Su Objeto ideal y le hace responsable de cumplir el propósito de la recreación. Por ello, el hombre debe ser capaz de superar las causas de la caída. Y ya que la desobediencia se encuentra en los orígenes de la caída, Dios nos pide tener obediencia absoluta como condición necesaria para restaurarla. Por ello, en nuestra vida de fe no podemos quejarnos. No podemos buscar excusas, tenemos que ser absolutamente obedientes.

La obediencia absoluta es difícil, pero el objetivo de esa dificultad es establecer condiciones que nos permitan alcanzar la perfección y cum-

plir la meta original de la creación. Por eso, cuando superamos dificultades y sacrificios, podremos entrar en la esfera de la perfección. Tenemos que ir por este camino, no hay otro, y la religión no tiene más remedio que enfatizar la necesidad de pasar por penalidades.

Para superar las causas que llevaron a la caída no hay otro camino que el de la obediencia absoluta. Dios nos exige esa obediencia, no tiene otra alternativa. En el curso de la restauración no hay espacio para la queja.

Hay que andar el camino de la fe y la obediencia absolutas con esperanza y alegría. Ese es el proceso para la recreación y, por tanto, el camino de la esperanza. No podemos ir por este camino llorando y lamentándonos sumidos en la desesperanza. A través del sacrificio y las dificultades lo damos todo y lo ganamos todo.

¿Qué religión ha demostrado el mayor amor a lo largo de la historia? La religión que enseñe a sacrificarse completamente será capaz de amar al mundo entero. El Cristianismo es una religión basada en el martirio. Ha llegado al mundo entero mediante el sacrificio y el derramamiento de sangre. Por consiguiente, entre todas las religiones, el Cristianismo ha mostrado la mayor piedad filial frente a Dios. En consecuencia, llegamos a la conclusión de que el mundo debe volver a Dios de la mano del Cristianismo.

¿Cuánto tiempo podéis sacrificaros y, a la vez, mantener un corazón de amor? De ello dependerá vuestra victoria o vuestra derrota. Por otro lado, Dios como nuestro padre, ¿pensáis que se siente feliz o triste cuando ve a Sus hijos sufriendo? Incluso en la relación existente entre padres e hijos en el mundo caído, ningún padre quiere ver a sus hijos sufrir.

Si es así, ¿por qué entonces pide Dios al hombre que vaya por un camino de dificultades? ¡La situación de Dios debe ser aún más penosa ya que debe estar al frente de esta providencia! Si entendemos Su situación, podremos sentir lo miserable que se siente. Por muy duro que sea nuestro camino, éste abarca lo que dure nuestra vida, y una vida en la tierra, normalmente, no llega al siglo.

Por tanto, es nuestro deber como hijos animar a Dios diariamente. Aquellos que se quejen egoístamente, en este tiempo, son imperdonables y desdichados ante el cosmos.

Cuando tratamos de tender un puente sobre el abismo que nos separa de Dios, Satán está siempre trabajando para derrumbar ese puente. ¿Quién puede proteger ese puente? Sólo Dios y el mundo espiritual saben de su existencia. La gente no se da cuenta de la situación miserable en que se encuentran tanto Dios como el mundo angélico, teniendo que ir por el camino de la recreación para cumplir el propósito de la restauración. Cuanto más tarde en llegar la perfección, mayor tiempo tendrá Dios que permanecer en esa posición de miseria inefable.

¿Qué haríais vosotros si estuvierais en la posición de Dios? Aunque pasemos por dificultades, éstas no representan más que unas pocas décadas de nuestra vida.

Decís que habéis trabajado duro en la Iglesia de Unificación... pero,

¿por cuántos años? Los que llevan más tiempo llevarán unos 15 o 16 años en la Iglesia, como mucho. Muchos otros miembros llevan menos de 10 años. Es realmente ridículo en esos casos quejarse de las dificultades o las penalidades.

El hombre caído tiene el destino miserable de cargar con una deuda cósmica y, al mismo tiempo, no saber cómo saldarla. No podemos, ni en sueños, pretender alzar nuestro rostro ante Dios en señal de queja.

Nosotros, que entendemos la posición miserable de Dios, debemos mostrarle piedad filial a nuestro Padre. Cuando alguien trata de aliviar el sufrimiento de sus padres, llega a ser la persona de la piedad filial más grande.

El sacrificio del Mesías

¿Quién es Abel? Abel es el que, yendo por el camino de dificultades, puede restaurarle a Dios Sus Objetos de amor. Él debe someter a Caín con el corazón de amor. Por tanto, Abel está en la posición de Dios en el nivel horizontal. Así como Dios ama al hombre caído, Abel también debe tener el corazón de amor hacia Caín y restaurarle a riesgo de su vida. El camino de Abel es el del sacrificio. De esa manera el amor de Dios se manifiesta en la tierra. Todo el mundo se quita el sombrero ante la persona que ha dado su vida. La historia de Abel ha sido la de derramar sangre. Esta es la enseñanza fundamental de la Biblia.

Qué miserable ha sido Dios estando en la posición de guiar la dispensa histórica. El Mesías es el que carga la responsabilidad del mundo entero y le dice a Dios: "Por favor, tomate un respiro. Dame a mí toda la cruz, todo el camino de la indemnización". Por eso, Jesús pudo orar en el huerto de Getsemaní: "Por favor, no se haga mi voluntad, sino la tuya". Si Dios sufre en el mundo espiritual o en el terrenal, El Mesías tiene el sentido de la misión de cargar con el sufrimiento de Dios. Por eso, aunque el Mesías sufre no lo percibe como sufrimiento.

Por mucho que hagamos debemos sentirnos desgraciados ante Dios. Como hombres caídos no debemos sentirnos orgullosos de nosotros mismos en el camino de la fe.

¿Qué fue la caída? Todo se vio desde el punto de vista egocéntrico y el resultado fue la queja. Al final, hubo rebelión. Por tanto, la queja no es permisible para los creyentes.

Una vez, que empezáis una vida de fe, debéis negar la conciencia del yo. ¡No os comparéis! Pedro tuvo que aprender la misma lección. Cuando Jesús le habló acerca de la cruz, Pedro le preguntó a Jesús qué pasaría con Juan. Jesús le contestó: "Eso no importa, tú sígueme". En el momento que te comparas con los demás empiezas a quejarte. Comparáis con los ojos de Satán. Esos son los ojos que han heredado el linaje del arcángel.

Borrad, pues, todo vestigio de egocentrismo. Cuando os negáis completamente frente a Dios, como resultado, Él os puede vindicar completamente. Liquidación completa resultará en indemnización completa, abriendo el camino de la recreación. Allí está la esencia de la religión. Sin conocerlo, es realmente duro seguir un camino religioso. Sin esto, no podemos entender claramente las escrituras religiosas.

Si alguien se sacrifica enormemente para Dios, incluso Dios mismo se inclinará ante tal ofrenda. A través de una indemnización así, tanto Dios como Satán se quitarán el sombrero. La recreación perfecta se hace posible con la negación perfecta. Por tanto, nunca os quejéis en vuestra vida de fe. Podéis decir “Ya no puedo dar más”. Solo podéis llegar a esa conclusión, después de haber hecho lo mejor hasta el punto de morir.

Quejarse es esencialmente acusar a Dios. El hombre está en deuda con Dios, por tanto, no podemos quejarnos o decir tales cosas a Dios. Mi vida hasta el momento ha sido así. Nunca podría convertirme en un hombre de queja, aunque he ido a la cárcel y fui torturado hasta el punto de vomitar sangre. Aún si el mundo entero se me opone, podemos sentimos agradecidos si sabemos que nuestros lazos con Satán están siendo cortados. Mientras exista el resentimiento, es natural que haya oposición.

No os quejéis. Estad agradecidos y recorramos nuestro camino en silencio.

Cómo ganar ayuda espiritual

Sun Myung Moon – 27 de Noviembre de 1978

¿Qué actitudes necesitamos desarrollar para poder movilizar al mundo espiritual? Necesitamos cambiar nuestros conceptos; nuestra actitud es como el medio ambiente que debemos preparar para recibir ayuda espiritual.

Debemos usar las palabras del Padre y crear nuestros propios canales para recibir poder espiritual. En realidad el mundo espiritual quiere ser parte de cada cosa que tenemos y hacemos. Quiere estar involucrado hasta el punto de ser parte, por lo tanto debemos fijarnos en todo lo que hagamos buscando la nobleza en ello y tratando de hacerlo como si fuera directamente para los Padres Verdaderos. Entonces cada cosa se transformará en algo como una joya antigua muy valiosa, en un tesoro dado por Dios. Cada objeto está esperando para que tú lo toques, esperando sentir la vibración de Dios a través de ti.

Considera todas las cosas sagradas, ¿qué hace que un pañuelo personal de un hombre santo se vuelva tan valioso? Son las vibraciones del hombre santo. Entonces tú también deberías darle a todas las cosas un valor sagrado. Cuando toquemos algo debemos sentir que le estamos dando gloria. La misma verdad se mantiene para la gente que conocemos y aquellos con los que vivimos. Cuando tú ves a otra persona: ¿Cuánto la cuidas -a él o a ella-? ¿Qué sientes hacia esa persona?

Debes amar realmente a las personas que conoces, porque ellos son el templo de Dios. Cuando toques a otra persona, siente que a través de ella ambos seréis bendecidos.

Cada uno de nosotros tiene dos realidades: mente y cuerpo. Nuestra mente verdadera quiere, al tocar o abrazar el cuerpo con corazón, darle su amor. Nosotros deberíamos pensar en nuestra mente como la mente que Dios ama y en la que Él mora; luego mirar a cada hombre y a cada mujer como a una persona santa. Hay que respetar el cuerpo de cada persona como sagrado y su mente del mismo modo.

Si vives de esta manera, pronto oirás una pequeña voz dentro de ti, que es el sonido de tu mente. Vayas donde vayas, el mal o la oscuridad no podrán permanecer. Sólo pueden tocarte los espíritus buenos si creas una atmósfera para ellos. Si te colocas en tal posición entonces el mundo espiritual podrá descender sobre ti y darte abundantes bendiciones y poder. Debes atraer este poder del mundo espiritual y así te conocerás a ti mismo. Hazte uno con tu cuerpo, tanto que tus piernas y tus brazos se sientan especiales. Cuando estés en cama - aunque fuera un camastro- todo lo que esté a tu alrededor se convertirá en el lujo de un verdadero palacio real y tu cuerpo descansará entonces sobre una cama real.

Debes considerarte a ti mismo como morada de Dios, entonces todos los espíritus buenos podrán tocarte. Cuando te vayas a dormir te acostarás con una mente hermosa y eliminarás de ella toda maldad. Por la mañana te despertarás descansado, listo para embarcarte en la misión que ha de conducirte al trono de Dios.

El mundo espiritual siempre está a tu alrededor, escuchando y atento. Siempre has de ser consciente de que la riqueza está dentro de ti. Si te mantienes pensando de este modo serás capaz de controlar tus circunstancias.

Haz de ti mismo un sintonizador que resuene con las vibraciones de la frecuencia de Dios, resonando con la forma desinteresada propia de Dios. Si te haces parte de la resonancia de Dios, entonces, cuando veas a alguien, automáticamente serás capaz de percibir qué tipo de

persona es. A veces serás capaz de ver tu propio cuerpo espiritual con tus ojos. Entrénate a ti mismo y disciplínate para desarrollar esta capacidad. Si vives de este modo, tendrás siempre la capacidad de actuar correctamente cuando se presente una emergencia. Recuerda que estás compitiendo con el mundo espiritual y debes estar firmemente determinado a superarlo. La posición de Adán es para controlar el mundo espiritual, es el único recorrido viable, no hay otro.

Con una oración profunda desde tu mente puedes conmover a un hombre desde el exterior hacia el interior. Convirtiéndote en un imán puedes conmover a las personas del mundo espiritual y puedes llegar a delinear o dibujar a las personas con amor. Manteniendo esta actitud y con oración puedes lograr que se haga realidad.

Ora con todo tu corazón, focalizando tu mente y tu alma en el objeto de tu oración, de otro modo tu mente se volverá perezosa y llena de hastío, este tiempo terrenal nunca ha de ser desperdiciado. Entonces estarás capacitado para salir y trabajar ocho horas para Dios. Al orar mucho, cuando salgas sentirás que Dios sale contigo. Si escribes un

sermón, por ejemplo, el mundo espiritual te ayudará a prepararlo. Al salir a la calle el mundo espiritual irá contigo. Descubrirás sentimientos estallando dentro de ti, te volverás más desinteresado, sintiendo el poder de tu cuerpo y mente actuando juntos en armonía. Por lo tanto, la palabra clave para esta clase de vida es RESPETO.

RESPETAR A TODOS LAS COSAS COMO LOS OBJETOS SAGRADOS QUE SON,

RESPETAR A TODOS LOS HOMBRES Y MUJERES COMO SAGRADOS,

RESPETARTE A TI MISMO COMO LA PERSONA SAGRADA QUE ERES,

RESPETAR TU MENTE COMO SAGRADA,

RESPETAR TU CUERPO COMO SAGRADO.

Muestra respeto profundo hacia todas las personas, sin importar qué clase de personas sean. Como un niño, sé respetuoso con las personas mayores. Piensa en las palabras que has de pronunciar tres veces antes de hacerlo y siempre ten una actitud humilde.

Sentirte parte de otros es la mejor cosa que tienes.

Entrega lo que tienes en tu billetera y serás bien recompensado. Si no eres bueno con tu vecino, entonces no dormirás bien, pero si, en cambio, eres bueno y solidario, tu mente reposará en paz.

Deshazte de todo lo que ensucie tu interior y límpialo bien. Abre tu mente y observa bien todo lo que encuentras allí. No guardes sentimientos egoístas, una repentina publicidad hacia ti puede hacer que te entretengas demasiado tiempo y se infle tu ego. Practica, en cambio, la virtud de la mansedumbre.

Si te determinas con firmeza en desarrollar este tipo de actitudes, entonces el mundo espiritual puede descender a ti y ayudarte. El mundo espiritual está usando algunos canales por los que puede bajar y así participar en la Providencia de Dios, ellos eligen al mejor para poder usarlo primero.

En la Iglesia de la Unificación un líder genuino debe ser capaz de movilizar el mundo espiritual. Cuando lo tocas –al mundo espiritual– todo tipo de fenómenos empiezan a suceder, algunos muy extraños y otros maravillosos. Pero no debes dejar que ellos te manipulen. Tú debes ser el Sujeto. No debes permitir que ellos te venzan, debes enfrentarte a ellos y tener entonces un claro entendimiento de los mismos. Debes conocer el secreto para poner en movimiento el mundo espiritual, testificar a otros con toda el alma, el corazón y la mente. Cuando estuve en prisión pude orar de tal modo que los demás prisioneros venían a mí y se quedaban quietos a mi lado. Cuando se presentaban ante mí conducidos por el mundo espiritual podían aferrarse a él de algún modo y, así, recibir bendiciones.

Tú también puedes hacerlo, como yo. El problema es que con frecuencia estás demasiado lejos de los pensamientos sobre la dimensión espiritual, los objetos sagrados, la humanidad sagrada, el templo sagrado y la mente sagrada. Cuando yo estuve en el peor momento, solo y hambriento, venían revelaciones o se presentaban ante mí como invitados especiales. Cuando necesitaba dinero, el mundo espiritual guiaba a alguien hacia mí. El mundo espiritual nunca está demasiado lejos, ellos pueden cooperar con nosotros. Sentimos siempre que no estamos haciendo lo suficiente, así que tenemos que trabajar más duro. Con el apoyo del mundo espiritual ya no sentirás soledad, siempre tendrás energía y poder. Aunque no tengas un céntimo, no has de temer, puedes ser aventurero y audaz. En el camino al éxito seguro, cuanto más transites, más lejos llegarás, más allá de tus expectativas.

¿Quién sabe cuánto puede llegar a vivir cualquier hombre o mujer? Tal vez mañana estés muerto y no tengas más de veinticinco o veintiséis años de edad. ¿Tienes alguna garantía dada por Dios sobre cuánto tiempo vivirás? No hay nadie que tenga tal garantía. Una persona sensata piensa de este modo: "Tengo sólo un corto período de vida y dentro del mismo debo prepararme personalmente para la eternidad. El modo de vida de aquí a dos años ha de ser modelo para mi vida eterna".

Entonces estallará dentro de ti el sentimiento del amor: el Amor de Dios, y amarás a otra persona como a Dios mismo. Por un día entero le darás toda tu energía a alguien. Si tú amas a una persona de éste modo, aunque fallecieras inmediatamente sería una realización a tu cuenta para toda la eternidad. Entonces, cuando Dios te concede más tiempo para vivir, debes estar inmensamente agradecido. Abandona todo y alaba a Dios. Cada momento es demasiado precioso y no hay tiempo para las preocupaciones o la frustración. La persona que reconoce que la vida terrenal es corta comparada con la eternidad y concentra sus talentos es alguien sabio. Empújate a ti mismo a vivir más plenamente. Cuando alguien está muriendo y aun así da vida, es porque realmente está agradecido. Piensa como si llevaras adherida a tu frente una etiqueta de espiritualidad. Pregúntate cuántas personas, clanes, tribus y naciones has amado. Busca llegar a la maestría del Amor. Programa tu vida de este modo y nunca serás un perdedor. Planifica todo como si no tuvieras más de dos años de posibilidad de vivir, entonces al tercer año que sobrevivas festejarás en grande la alegría de estar vivo. Esta es la "resurrección" viviente. Todavía tengo mucho amor para mi esposa, mis hijos y toda la humanidad. Tengo que amar al Movimiento de la Unificación, tengo que expiar faltas

por toda la humanidad, necesito liberar al hombre del pecado. Estoy determinado a dejar cuando me vaya, grandes logros.

Cuando trabajes en lo que sea debes amar lo que realices, amar lo producido y por supuesto amar a las personas. Siempre en actitud de honrar a los demás. Dios nos creó, pero somos nosotros quienes hemos de darnos "forma" y restaurar nuestro valor original. Recuperar la parte que ganemos para Dios, como una graduación. Dar el 10% a la iglesia local, el 10% a trabajo a nivel nacional y el 10% al trabajo a nivel mundial. En total el 30%.

Cuando des a los demás, no lo hagas pensando que es de tu bolsillo, piensa que es del tesoro celestial. Cuando alguien recibe a través de ti, lo estará recibiendo de Dios. El mundo espiritual puede ayudarte y Dios lo recordará todo y te retribuirá diez veces más.

Haz de tu grupo (o empresa a la que pertenezcas) la morada de Dios, no te sientas como un trabajador o un supervisor. Invierte tu corazón

en el trabajo. Determínate a realizar cada negocio como un servicio para todas las personas. Entonces ellos serán de Dios, como una especie de extensión del amor divino. Cualquiera que sea tu responsabilidad, entrégate a ella con toda tu alma y tu corazón sobre una base de 24 horas –todo el tiempo-, siéntete como un padre y reconoce tu responsabilidad como si fuese tu hijo. Sea lo que sea que realices, visualízate como compañero de Dios. Siente que tú eres el segundo dueño e involúcrate por completo con todo el amor que tengas para brindar. Quien más ama algo es su último dueño. Dar ese amor te permitirá obtener un valor infinito.

La Importancia de la Oración

Sun Myung Moon

15 de Abril 1979 - Belvedere. New York

En cada persona existe cierta esperanza. No hay nadie que no tenga alguna esperanza, pero su cumplimiento no depende del cielo sino del individuo. Hay dos formas de cumplirla: a través de la propia oración o recibiendo la ayuda de otros. Si vuestro deseo es grande y extraordinario, también vuestra responsabilidad será muy grande. Si no podéis llevarla a cabo solos necesitaréis ayuda externa.

Cuando comenzáis la escuela primaria vuestro propósito es terminar con una buena media. Para obtener buenas notas se necesitan todos vuestros esfuerzos sumados a los esfuerzos de vuestro maestro. Lo mismo ocurre en la secundaria, en el bachillerato y en la universidad. No es fácil cumplir el 100% de nuestro deseo en cada nivel de estudios. ¿Qué clase de actitud se necesita? Primero necesitáis una concentración completa, que no os deje tiempo para otra cosa. Si pensáis primero en jugar y reuniros con vuestros amigos, no podréis alcanzar el 100% de vuestra meta.

Nuestra meta es convertirnos en hijos e hijas de Dios. El simple hecho de convertirse en buenos hijos de nuestros padres naturales no es fácil, entonces, ¿cuánto más difícil es convertirse en hijos absolutos de Dios? Cuando llamáis a Dios, vuestro Padre, Él no responde de inmediato. Aunque llaméis a Dios, si en lo más profundo de su ser no estáis seguros de Su existencia, Dios no responderá.

La caída del hombre no es otra cosa que la partida o separación de Dios. El hombre se ha separado hasta el punto de no tener nada que ver con Dios; y es esa unión original lo que debe ser restaurado. Podemos usar una analogía de nuestro propio mundo. Supongamos que, debido a algún accidente desafortunado un hijo es separado de sus padres a una edad temprana. Quizás después de crecer tiene una ocasión de encontrarse con sus padres, pero le serán completamente extraños; no sabrá quiénes son. Ese joven deberá tener cierta seguridad de que ese hombre es su padre, y tendrá que haber algunos testigos o pruebas que muestren que es así. Aunque él sepa que son sus padres, aún habrá algún conflicto y sentimiento de extrañeza entre las dos partes.

Para convertiros en hijos verdaderos de vuestros padres debéis heredar sus deseos. Debería haber un único deseo entre los dos. El camino de vuestros padres en la vida, debería ser vuestra vida, y vuestro deseo, debería ser el suyo. Los padres dan su corazón y alma a sus hijos y los hijos deben hacer lo mismo. Cuando están unidos, aunque haya dos partes separadas, aún hay una única meta, un deseo y un propósito. Entonces el logro de cada uno se convierte en la alegría del otro. La realización de un trabajo se convierte en la alegría común de padre e hijo. Cuando continúan esa forma de vida durante 1 año, 10 años, una vida entera, hay unidad total entre padre e hijo.

Hoy nuestra tarea es descubrir el deseo verdadero de Dios, porque, como creyentes, nuestra meta es llegar a ser Sus hijos. Lo que comemos y bebemos y el lugar en el que vivimos no son parte de las preocupaciones centrales de Dios, aunque todos piensan que sí lo son. En la Biblia, Jesús dice que no debemos preocuparnos acerca de dónde vivir o qué comer, esas son cosas por las que se preocupan los no creyentes. Debéis buscar primero a Dios y Su bondad.

Para los miembros de la Iglesia de la Unificación ese reino y esa bondad son el cumplimiento del Reino de los Cielos en la tierra. Cuando Jesús habló del Reino de Dios no se refería sólo a una nación; la justicia de Dios no se limita sólo a la justicia de una nación sino que incluye todo el reino que Dios planeo. La justicia del pueblo americano, por ejemplo, es secundaria en relación a la del Reino de los Cielos, que sería a la principal. Si la justicia de toda una nación es secundaria, está bien claro que vuestros propios deseos personales están muy por debajo en la clasificación.

El reino de Dios debe incluir a la nación; la familia y el individuo vienen por extensión de la nación. Imaginen a América como un gran círculo: dentro de él hay círculos para la sociedad, los vecinos y la familia. Las formas son las mismas, sólo difieren en tamaño, por lo tanto, todos pueden ser contenidos dentro del círculo más grande. El punto en el que se cruzan los ejes es el centro de cada uno de los círculos. Puede haber una gran nación y una nación pequeña, pero es la misma línea vertical la que corta a las dos. Todo está centrado en ese eje, y esa línea puede ser conectada a un deseo primario.

Un individuo que esté tratando de alcanzar la meta más alta no tiene que dejar su país o sociedad o familia; en realidad debe ir a cada uno de esos niveles y penetrarlo. Otra forma de describir esto es imaginaros a vosotros mismos como una locomotora que arrastra a su familia, más a la sociedad, a la nación y al mundo detrás de sí. Todos estos niveles pueden ser alineados con vosotros. Cuando os movéis, el tren de la familia, la nación, el mundo y el mundo espiritual se mueve detrás de vosotros.

¿Se aplica este concepto en el contexto de la América actual? Esta es la llamada "generación del yo" y, entre otras cosas, esto significa que América se está aislando completamente del resto del mundo. Dios está tratando de realizar un mundo de armonía y, por lo tanto, cuando alguien piensa de una forma egocéntrica, traiciona el deseo de Dios mismo. Los americanos dicen que no les importa su nación. Hay personas de los 5 colores de piel en este país, y si cada uno se preocupa por su propia raza es, a los ojos de Dios, su enemigo más traicionero. Está provocando el surgimiento de barreras entre las razas, lo cual es completamente opuesto al ideal de Dios.

Quiero que entendáis que la voluntad de Dios siempre se enfoca en un punto central para todos: familia, nación, mundo y cosmos. Esa es la forma en que Dios diseñó al mundo. El eje o principio central del universo es la relación de padre-hijo. En cualquier familia hay esta relación y todo lo demás la rodea. Cuando una familia asuma la posición de padre, las otras asumen la posición de hijos.

Cualquier corporación opera de la misma manera: el presidente está en la posición de padre y los empleados en la posición de hijos. El concepto debe ser que el empleador trabaja por el bien de sus empleados y que cada empleado no trabaja por su jefe sino por el bienestar de su propia familia-corporación. Un jefe de estado está en la posición de padre y los ciudadanos en la posición de hijos. Una persona central verdadera debe pensar como lo haría un padre. Sin ese corazón paternal no está cumpliendo su responsabilidad.

El criterio de comparación es si esa persona es mejor o peor que el padre fisico de cada uno. Los ciudadanos deberían amar a la figura central de su nación como a su propio padre porque, después de todo, sus propios padres físicos también están en la posición de hijos de esa persona. Esos padres seguramente querrán que sus hijos amen al jefe de Estado y a la nación más que a ellos mismos. Con este punto de vista los hijos pueden participar en una acción patriótica aún hasta el punto de dar sus propias vidas y sacrificar sus propias familias. Por encima del presidente de la nación debería haber alguien en la posición de presidente de todo el mundo. El jefe de estado debería ser igualmente leal al presidente del mundo entero. Dios Todopoderoso está por encima de ese hombre y, por lo tanto, ese hombre debe ser leal a Dios de la misma manera en que todos son leales a él. ¿Por qué debe ser así? Desde el individuo hasta Dios debería haber un eje central de conexión, y todo lo que está en el medio debería ser como un puente entre el individuo y Dios.

¿Y qué ocurre con la Iglesia de la Unificación a la luz de este principio?

La Iglesia de la Unificación está unida por la relación padre-hijo, pero nuestro propósito no es alcanzar el bienestar de la Iglesia. Estamos aquí para cumplir algo mucho más grande, por el bien del mundo y del cosmos. Yo siempre os enseño a sacrificaros para ayudar a la nación y a Dios, a no vivir nunca por la prosperidad de la Iglesia de la Unificación. Si realmente practicamos esta ideología, ésta deberá hacerse el tema central del mundo. Entonces podremos usar la Iglesia como una escalera y subir hasta la cima con el mismo principio. Estáis trabajando para convertiros en mesías tribales, luego nacionales y luego mundiales, hasta llegar finalmente a Dios.

Cuando estaba buscando el Principio pasé muchas noches de larga agonía orando y el tema central de esas oraciones era llegar a entender cuál es el eje central y el principio esencial del universo. Finalmente llegó la respuesta: el eje central es la relación de padre e hijo que acabo de explicar. Cuando vivamos de acuerdo a ese principio vamos a lograr un mundo de armonía, paz y unidad. Dado que el universo está organizado de esta manera, cuando miráis a otras personas horizontalmente estáis viendo a vuestros propios hermanos. Estáis conectados porque tenéis padres comunes.

En la Iglesia tenemos una regla común acerca de quién es un miembro verdadero: es el que verdaderamente ama a sus hermanos. No sólo yo debo pensar de esta manera, sino también los presidentes de compañías, los líderes nacionales y mundiales. Dios mismo es así. ¿Piensan que hay diferentes principios funcionando en diferentes niveles? ¿Darían la bienvenida a este principio de amor si funcionara en todas las situaciones?

Para convertiros en hijos de Dios tenéis que ser capaces de conmover Su corazón y conquistar Su amor. Si una persona se va a un lugar muy lejano, ¿estará separada y no tendrá nada que ver con esto? Dondequiera que vayáis este principio permanecerá como el estándar. Si queréis vivir de acuerdo a otro principio, os digo que vayáis y tratéis de encontrar uno mejor. Vosotros mismos podéis ver cómo se construirá el Reino de Dios y de Justicia a través de esta relación de padre e hijo.

Cuando esta relación se extiende horizontalmente se la conoce como la relación de sujeto-objeto, en la cual todo lo que se hace es en consideración y al servicio de un propósito. Estudiar, en sí mismo, no significa nada, pero cuando tomáis la posición central y tenéis un propósito, estudiar se convierte en algo muy importante. En lugar de decir que odiáis los libros, realmente los amaréis.

Cualquier cosa que veáis en el universo se convertirá de pronto en algo muy importante, cuando penséis que está conectada con vosotros a través de esta relación de sujeto-objeto. Con este punto de vista os haréis dínamos y embajadores del amor de Dios, y no habrá nada que no sea valioso o precioso. Hay felicidad dondequiera que vais cuando sois sujetos del amor de Dios. No creo que Dios pudiera pensar algún camino mejor que éste.

Las palabras son baratas y esto suena bien, ¿pero cuán lejos estáis de realizarlo? Cuando os miráis a vosotros mismos sabéis mejor que yo dónde estáis en relación a esto. Quizás pensáis que no habéis nacido para esta vida porque veis tantos, tantos problemas que resolver. Los problemas de la familia son tan grandes como la familia, los problemas de la nación son tan grandes como la nación. ¿Cómo podéis resolver problemas que son tan grandes y complejos como el universo?

Lo más fácil que podéis hacer es daros por vencidos, pero eso no es la solución. Si vuestra capacidad no es suficiente debéis buscar la ayuda de otros. ¿Dónde podéis encontrar la ayuda y guía necesarias? ¿Hay alguien hacia quien dirigirnos? Debemos damos cuenta de la importancia de la oración.

Lo más importante en la oración es la actitud del que ora. Lo esencial es vuestra determinación de alcanzar vuestro destino, sin reservas. Si algo quiere bloquearos, tenéis que estar decididos a que nunca os detendrán. A menos que tengáis primero esa determinación, Dios no gastará Su tiempo tratando de ayudaros. Él siempre ha sido engañado a lo largo de la historia, por lo que necesita ver pruebas de quiénes sois y cuán fuerte es vuestra determinación. Podéis decirle a Dios que estáis completamente determinados, pero Él sacudirá la cabeza y dirá: “Yo esperaré 3 años más y veré”. Si Dios ve que algo no va bien en vosotros, esperará antes de mandaros Su ayuda. Dios necesita estar seguro.

Sería tonto que Dios diera Su ayuda libremente y luego, al cabo de varios años, la persona estuviera hecha pedazos. Si yo fuera Dios también esperaría y observaría. Suponed que fueseis Dios, ¿qué haríais?

Una actitud absoluta es la base para todo. Suponed que hace mucho tiempo que estáis casados y estáis profundamente enamorados, pero de pronto muere vuestro esposo o esposa. ¿Todo el cielo y la tierra sucumbirían por vosotros? Ese podría ser el momento justo de maldecir a Dios por haberse llevado a vuestro amado o amada, sin embargo, en vez de hacer eso, deberíais agradecer a Dios el daros una situación que fortalecerá vuestra fe. Entonces vuestra fe se podrá hacer más fuerte en lugar de más débil. Dios es un padre, y si se lleva a una persona amada no es porque os odie sino por alguna razón más grande. Si podéis aceptar esto y tener fe en ese propósito estáis listos para otro desafío.

¿Estáis preparados? Si os golpea una pena o una tragedia extraordinarias, ¿estáis preparados para agradecérselo a Dios y preguntar qué viene después? No podéis esperar sólo cosas buenas y maldecir a Dios cuando pasan cosas desagradables.

La oración es una necesidad absoluta. Podéis arrodillaros para rezar, pero lo más importante es que creéis primero un ambiente de determinación. Si no tenéis esa actitud básica, ninguna oración resultará. En el mundo actual muchas personas rezan todos los días, ¿creéis que rezan para destruir a las iglesias cristianas? No, rezan por su prosperidad. Pero de todos modos la mayoría de las iglesias están declinando. No recéis por la Iglesia de la Unificación; rezad por cosas más grandes: la nación, el mundo y la liberación de Dios.

En las iglesias de hoy la gente reza por su denominación, su paga salarial, sus problemas familiares y su mascota. A Dios le duelen los oídos cuando escucha estas oraciones y se los quiere tapar. Si esas personas rezaran a Dios para que use su iglesia para ayudar a salvar al mundo y liberarlo a Él, Dios se erguiría asombrado porque Él es exactamente así. Cuando sólo habláis acerca de vosotros mismos en vuestras oraciones, Dios se aburre completamente y nada puede pasar, pero

si oráis por Su justicia y Su reino lo arrastraréis en vuestra pasión.

Para realizar cosas más grandes tenéis que tener una mente aventurera que esté dispuesta a correr riesgos, entonces Dios os dirá que no os preocupéis, que está detrás de vosotros. Si os arrojáis para vencer las paredes de piedra y la persecución que tenéis delante, Dios luchará por vosotros, porque Él sabe quién es justo y quién es injusto. Pero primero Dios mirará, dándoos una oportunidad de derrotar a vuestros oponentes con vuestra propia capacidad. Esto es lo mismo que haría un padre. Si vais corriendo a pedirle ayuda a Dios, aun antes de enfrentaros a vuestro enemigo, Él, como cualquier padre, se avergonzará de escucharos y os enviará a luchar otra vez.

América ha construido una sociedad próspera, pero yo vine a sacudir a esta nación y los americanos se resienten porque perturbo su paz. Yo no he venido a destruir América sino sólo a advertir a esta nación que está en peligro. Alguien tiene que dar aviso a la gente y evitar el desastre. Debéis alistaros en cuerpo y en espíritu. Cuando vayáis al frente podréis pedirle a Dios que venga y os ayude en lo que les haga falta, entonces Dios dirá: “Sigue, estoy detrás de ti“.

Si en esas circunstancias os sentáis y rezáis seriamente, Dios os alentará. Tan pronto como Dios tenga una prueba de vuestra determinación, recibiréis una avalancha de ayuda. Yo he tenido la experiencia de pensar en algún problema sin rezar siquiera acerca de eso, pero ya Dios conocía mis pensamientos e iba un paso más adelante. Cuando yo descubría que mi pensamiento se había cumplido, Él sonreía y decía: “¿Has visto lo que hice?”.

Necesitáis la actitud básica de sinceridad como un fundamento para la oración, de otro modo no funcionará. Lo más importante para crear esa atmósfera es salir y servir a una persona más, golpear una puerta más, recibir más persecución. Eso es más valioso que sentarse a rezar durante horas en un cuarto oscuro. La oración sólo es necesaria cuando habéis usado toda vuestra energía y no ha sido suficiente. Sólo entonces podéis pedir ayuda a Dios. Cuando podáis hacerlo no tendréis que pedirle a Dios, sino que podréis decirle que descanse.

¿Creéis que Dios reza a veces? A veces, sin pensarlo, un padre susurra para sí mismo: "¡Oh, ojalá mi hijo hiciera esto, o fuera de esta manera!". Así es la oración de Dios. Dios está susurrando acerca de nosotros porque estamos en una situación de emergencia y está abstraído en su preocupación. Esa es la oración de Dios. Vosotros ni siquiera necesitáis sentaros para rezar; podéis sencillamente hablar con vosotros mismos mientras camináis, susurrando y compartiendo vuestra preocupación. Eso es oración. En nuestro caso, nuestra vida es rezar y hacer. Rezar y esperar no es nuestra vida.

Si rezáis inconscientemente en vuestra vida diaria significa que indudablemente os estáis convirtiendo en hijos de oración. El poder de la oración obra maravillas, pero debe ser hecha con seriedad y con un corazón unido, no dividido. Si vuestros padres estuvieran en su lecho de muerte sería un momento muy serio, y las palabras que diríais serían muy urgentes. De ninguna manera podríais dormitar en un momento así. Sin embargo, vuestras oraciones a Dios son más serias que eso.

La oración es como una alianza entre vosotros y Dios, una promesa. Una vez que hacéis un contrato, lo seguís, y entonces indudablemente se cumplirá. Esta es la clase de actitud de la que estoy hablando. No debéis sentiros desilusionados cuando vuestras oraciones no tengan una respuesta inmediata. Algunas respuestas tardan en llegar.

Debido a que estáis rodeados por el mundo hay muchas etapas que debéis atravesar horizontal y verticalmente, la respuesta a la oración no viene de vosotros sino del cielo, y lleva tiempo hasta que os alcance. Ha habido muchas personas tontas que han recibido respuestas a sus oraciones hasta cierto punto, pero no han andado el último trecho y, al no estar satisfechos, han traicionado a Dios. Debéis pensar que vuestra oración de hoy puede tardar miles de años en cumplirse. Yo rezo de esa manera. Si muchos comenzáis a hacer este tipo de oraciones eternas, el mundo comenzará a temblar y el impacto será de gran alcance.

La raíz de esa oración son vuestras lágrimas, sudor y sangre, y de ella brotarán hermosas flores. Cuando Jesús oró en Getsemaní estaba absolutamente serio y derramó lágrimas, sudor y sangre. Durante todo el día debéis estar con un espíritu de oración; no sólo una hora, sino las 24 horas del día. ¿Qué posición preferís para la oración? Lo mejor es arrodillarse e inclinar la cabeza. La actitud debe ser seria, entonces Dios entenderá. Sin oración, Jesús y los santos no podrían haber hecho las grandes cosas que influenciaron tanto al mundo. Cuando recurráis al poder de la oración podéis tener una gran esperanza.

Debéis comprender el poder de la oración y tener la convicción de que vuestras oraciones serán contestadas. Quizás recibáis visiones y podáis guiaros por ellas. Sabréis qué clase de dificultad se acerca y cómo evitarla o superarla. Si sabéis cómo gobernaros podréis hacer grandes cosas, pero sólo la oración puede abrir ese camino. Es más importante que comer. Yo voy a la naturaleza porque me da un ambiente mejor para rezar, y amo a la naturaleza por esa razón. Amo la calma de la medianoche. Esa clase de mundo nuevo sólo se puede alcanzar a través de la oración. En esa posición podéis probar el amor. Este mundo es como un desierto, pero el mundo creado a través de la oración tiene un clima donde vibra el amor.

Aprended a generar vuestro propio poder. No podéis esperar que siempre haya alguien que os empuje. Debéis seguir y actuar por vosotros mismos. Para lograrlo, la oración debe ser la comida espiritual de vuestras vidas. Aunque la gente no reconozca vuestros esfuerzos, debéis hacer vuestra tarea con entusiasmo porque tenéis esa alianza con Dios. Moveos día y noche, sin pausa. Eso es un testimonio de vida.

El tema de mi oración cambia con los años. En un estado de oración sé exactamente qué hora es en el horario de Dios. Esa clase de preparación es necesaria para llegar a la perfección, y debéis aprenderla a través del poder de la oración. ¿Rezáis de la forma que os enseñé hoy, por Su reino y Su justicia? Rezad para que esta nación pueda convertirse en el centro de la bondad de Dios. Este país ha visto muchos patriotas fervientes, pero vosotros debéis rezar con más fervor que cualquiera de ellos. Si la preocupación que sentís por este país es más grande que la de Dios, esta nación sobrevivirá, de otro modo sucumbirá.

¿Cuál es nuestra meta y destino en la Iglesia de la Unificación? La

Iglesia Hogar debe ser el sujeto de vuestras oraciones. Rezad con un corazón paternal por la gente de los 360 hogares de vuestra área, como si ellos fueran vuestros propios hijos e hijas. Vuestro corazón de padre y de madre debe sufrir por ellos y desear ayudarlos. Si no tenéis ese sentimiento, estáis en una emergencia terrible; debéis abrir vuestros corazones a un sentimiento de amor paternal y maternal hacia la gente que vais a visitar y servir. Si no tenéis amor real por ellos, empujaos hasta lograrlo. Nadie tiene que enseñar a los padres a amar a sus hijos. Si os sentís como padres y madres de vuestra área de la Iglesia Hogar, nadie tendrá nada que enseñaros.

Solamente para acabar la educación primaria es necesario asistir diariamente a la escuela durante 7 años. ¿Pensáis que la Iglesia Hogar es comparable a la escuela primaria? ¡Es la escuela para llegar a ser mesías tribales! Pensad lo importante que es esto. Aunque asistáis a ella durante toda vuestra vida debéis dar vuestro corazón y alma porque no podréis tener una escuela mejor. Aunque sólo tenéis 360 hogares, Dios probará allí sus esfuerzos, como si los estuvierais haciendo por todo el universo.

En América hay alrededor de 70 millones de hogares, y si cada persona tiene 360, necesitaríamos 200.000 miembros para cubrir América. Si toda la población cristiana aceptara el Principio y quisiera hacer Iglesia Hogar, ¿qué pasaría? ¡No habría lugar para vosotros! Para vosotros no hay nada más importante que esto. Probad el poder de vuestra oración. Escoged a una persona y rezad por ella fervientemente, constantemente, sin decirle nada. Rezad con lágrimas por el bienestar de esa persona y ella comenzará a sentir una atracción magnética hacia vosotros.

Si se os revela en una oración que encontraréis a una persona en tal lugar y a tal hora, cuando vayáis allí esa persona vendrá. Si realmente sois serios os pasarán estas cosas. La hipnosis puede transferir a una persona a otro estado de conciencia, ¿pero cuánto más puede la oración en cuanto a cambiar nuestras vidas? No hay distancia ni límite para su influencia porque el poder del pensamiento viaja a cualquier lado. Podéis movilizar a todo el mundo espiritual con el poder de la oración. No hay límites para ella.

Cuando tengáis la actitud correcta, puede ocurrir un milagro tras otro. La parte más importante de una base de lanzamiento son sus cimientos. No deben romperse por el calor o la presión en el momento del despegue. Vuestra oración es como el lanzamiento de un misil, y necesitáis unos cimientos muy fuertes. No debéis rezar por avaricia, o por vosotros mismos; esa clase de oración os hará mucho daño. La oración pública, como personas públicas, os limpiará y os elevará aún más.

Debéis saber que sois como dos personas en una. Vuestro Yo Espirituales como un espejo, limpio y brillante. Cuando vuestro Yo Espiritual y vuestro Yo Físico no están sincronizados sentís angustia; sin embargo, cuando están completamente en línea, sentís gozo y poder. Esto está pasando cada día dentro de vosotros. Cuando veis a una persona, vuestro Yo Espiritual o ser interior os dice qué clase de persona es y, si lo oís hablar, un sexto sentido os dirá si es cierto.

No rechacéis a ese ser interior, consultadlo todo el tiempo. Cuando seáis espiritualmente más altos estaréis siempre allí, hablando con este vuestro Yo Espiritual. Tenéis a este Yo Espiritual y quiere hablarle a vuestro Yo Físico. Quizás no tenéis ninguna intención de decir algo, pero de pronto os descubrís moviendo la boca. A menudo no sois vosotros, sino vuestro Yo espiritual el que habla. Aún las ratas de un barco pueden sentir cuando el barco está en peligro y escapar, ¿pero cuánto más debería saber el hombre, la creación suprema de Dios? Para que vuestro ser interior y vuestro ser exterior se unan necesitáis el poder de la oración.

Yo tengo una familia, pero casi nunca rezo por ella. Mi oración es de angustia por la nación, el mundo y el cosmos. Dios se preocupa por mi bienestar porque yo me preocupo por el Suyo. Si yo sólo prestara atención a mi familia en lugar de al mundo y a Dios, mi familia enfermaría. No me preocupo por el bienestar de mi familia; me preocupo por la Iglesia y por el trabajo de Dios, y sé que Dios cuidará de ellos mientras tanto. Éste es el principio de dar y recibir.

Aquellos que quieran hacer más por otros recibirán más; aquellos que quieran bajar serán levantados. No hagáis oraciones vacías. Liberaos de pensamientos egoístas y os ocurrirán cosas poderosas. Debéis abrir esa válvula.

Estáis calificados para pedir el poder de Dios, pero sólo por el bien de Su justicia y Su reino. Rezad y actuad; os sentiréis diferentes de ayer y sabréis que el poder de la oración está en acción. Hoy no es más que el comienzo; rezad para decirle a Dios que estáis empezando y necesitáis Su ayuda. Enfrentaos con Dios cada día. Se os hará una segunda naturaleza y, sin daros cuenta de eso, podréis vivir esa vida por la eternidad.

Eliminemos las fronteras y practiquemos el verdadero amor

Sun Myung Mooon
Fundador de la Federación interreligiosa por la Paz Mundial
20 de agosto, 2000, sede de las Naciones Unidas, Nueva York

¡Distinguidos y acreditados invitados, damas y caballeros!

Me gustaría expresar mi más caluroso agradecimiento por el galardón de la paz universal que mi esposa y yo hemos recibido aquí en la sede de las Naciones Unidas, el hito histórico de la paz mundial. Aprovecho esta oportunidad para hablar brevemente sobre el tema "Eliminemos las fronteras y practiquemos el verdadero amor".

Damas y caballeros, si derribáramos todas las fronteras de este mundo la paz mundial aparecería sin falta. Pero debemos recordar que no es Dios el señor de las barreras, sino que fueron hechas por Satán, el diablo. Satán y sus secuaces habitan dondequiera que haya fronteras. Por ejemplo, Satán está asentado en la barrera entre las civilizaciones de oriente y occidente.

En Dios no hay concepto de fronteras.

Dios no ha creado las barreras entre las distintas culturas, tradiciones, razas, etc., Su deseo es un mundo unificado sin fronteras. Dios no tiene el concepto de fronteras. Por tanto, Él no nos insta a vengarnos de nuestros enemigos; si lo hiciera, implicaría que tiene semejante idea. Amando a nuestros enemigos y uniéndonos entre nosotros las fronteras desaparecerán de forma natural.

Por tanto, la estrategia y táctica de Dios es que amemos a nuestros enemigos. Es una estratagema extraordinaria. Es infortunado ver que el valor de las palabras "ama a los enemigos" ha sido malentendido por la gente a lo largo de la historia hasta hoy en día. Los miembros de la Iglesia de la Unificación, como los representantes de la historia humana, han entendido esta estrategia y la están practicando en la realidad. Siendo ejemplos de esas palabras, han venido a ser iluminados guías que pueden traer la paz al mundo.

¿Qué pensáis? ¿No consideráis que las barreras se crean cuando nuestros corazones están descontentos, cuando nuestros cuerpos no se sienten cómodos, cuando estamos insatisfechos con nuestros actos? Por tanto, se formarán todo tipo de barreras a menos que unamos nuestra mente y nuestro cuerpo por medio de los cinco sentidos. Por esta razón, conviene reflexionar con cuantas barreras estamos viviendo en nuestra vida diaria.

Cuando decimos "Id más allá de tener enemigos. Parad de crear fronteras" alguien podría pensar que debemos arrancarnos los ojos. En realidad tenemos dos tipos de ojos. Si no distinguiésemos entre el bien y el mal, nuestros ojos darían la bienvenida a todo y crearíamos enormes barreras. Lo mismo ocurre con escuchar. Se formarán barreras en nuestros oídos si escuchamos tanto palabras de bondad como las muchas palabras malas que hay en el mundo.

Los miembros de la Iglesia de la Unificación no tienen prohibido cantar canciones populares seculares, como algunas denominaciones cristianas que tienen reglas en contra. La cuestión no radica en si cantamos canciones populares o clásicas, más bien se trata de digerir las letras de las canciones. ¿Cantar la canción crea o derriba barreras? Si al cantar cierta canción o hablar un lenguaje rudo alguien es capaz de romper una barrera y con ello crea un mundo más amplio y menos restringido, ciertamente complacerá a Dios.

En suma, siempre que vivimos con fronteras, ya sea por medio de nuestros sentidos o en nuestro entorno, estamos del lado de Satán. Por otro lado, si vivimos sin fronteras, sea donde sea, estamos del lado de Dios. Satán es el campeón en levantar barreras. Dios, en cambio, es el maestro que derriba las barreras. A Dios, el Rey de Reyes, no le gusta nada las fronteras, es lo que más odia.

La tarea de quitar las fronteras.

Damas y caballeros, mirad a Corea. ¿Pensáis que Dios aprecia a un coreano que diga que es bueno que el paralelo 38 divida a las dos Coreas? ¡Por supuesto que no! Por consiguiente, la persona que se esfuerza mucho en demolerlo se convertirá en el campeón favorito de Dios. Si los setenta millones de coreanos están determinados a demoler el paralelo 38 entonces la unificación de Corea llegará sin lugar a dudas. No obstante, esa tarea no será nada fácil. Debemos entender que los que desean que el paralelo 38 permanezca están en el lado de Satán, el demonio. Satán es el maestro del paralelo 38 y Dios es el maestro de cualquier esfuerzo que se haga por quitarlo. Por esa razón los miembros de la Iglesia de la Unificación han liderado el movimiento para abatir el paralelo 38.

Damas y caballeros, el mundo entero se unirá automáticamente el día en que la gente de todo el mundo quiera que sus hijos e hijas se casen con los enemigos, deseando tener yernos de entre los enemigos. Éste es el regalo que me gustaría ofreceros esta noche. Satán y sus secuaces residen allí donde hay fronteras, pero Dios y Su gente, los nacidos de Su linaje, moran donde no hay fronteras y donde abundan el amor y la armonía.

Actualmente los miembros de la Iglesia de la Unificación están desarrollando con mucho interés la industria del ocio, que incentiva a la gente a viajar alrededor del mundo y a que vivan en cualquier parte del mundo. Esto es un presagio de una futura federación internacional que podrá instaurarse algún día en nombre de cualquiera y en cualquier localidad fundamentado en las naciones Unidas. Cuando se establezca todos deberemos congregarnos en nombre de esa Federación Interreligiosa Internacional. Precisamente con este motivo el Reverendo Moon ha sugerido a los miembros de la Iglesia de la Unificación que recauden un fondo especial denominado "fondo de la ofrenda viviente total". En el futuro este fondo será usado para facilitar el desarrollo de esta federación internacional de las Naciones Unidas.

En el antiguo testamento, sustituyendo a los seres humanos, sacrificaron a animales que representaban a toda la creación. Lo dividían en dos, representando a dos partes en lucha la una contra la otra, el lado derecho en la posición de Dios y el izquierdo en la de Satán. No obstante, debido al fracaso de algunas figuras centrales de la era del antiguo testamento Dios y Satán vinieron a pugnar por Jesús, el Hijo de Dios, que tiene un valor mucho mayor que la creación. En consecuencia, cuando Jesús, el hijo mayor de Dios, vino a la tierra, vertió su sangre, su cuerpo fue tomado por Satán y su espíritu perteneció a Dios. Al tener que recobrar su cuerpo físico Jesús proclamó su vuelta.

Desde que Jesús, el Hijo de Dios, fue dividido en dos ámbitos los problemas han continuado plagando el mundo espiritual y el mundo físico.

Por esa razón, Jesús, que se fue al mundo espiritual para restaurar el dominio de Dios sobre el mundo, aún debe volver a la tierra para recuperar el señorío de Dios sobre el mundo físico y aunar los dos mundos. ¿Qué hará cuando retorne a la tierra? Se casará y creará su propia familia. No obstante, Satán tomó el cuerpo físico de Jesús y, con él, el mundo físico, mientras que Dios pudo reclamar el mundo espiritual para Él.

En el mundo espiritual, Jesús ha estado ocupado guiando los corazones de la gente terrenal en una dirección y liderando la dispensa de Dios centrada en el cristianismo. El cristianismo también se partió en dos, el catolicismo y el protestantismo. Se hicieron enemigos el uno del otro y lucharon como lo habían hecho Caín, el hermano mayor, y Abel, el hermano menor. La historia humana se ha desarrollado creando cada vez más fronteras y generando guerras. Debemos librarnos de esa actitud de levantar barreras y conflictos.

Rompiendo barreras por medio de matrimonios.

Cuando el Señor regrese unirá el mundo celestial. Entonces, para aunar el cielo y la tierra conducirá muchas ceremonias de bodas juntando a hombres y mujeres de diferentes tribus, naciones y etnias que han estado divididas durante miles de años. Conducirá esta providencia centrado en el ámbito de la unificación que está en la misma posición que Israel en los días de Jesús. Esta es la mismísima boda del cordero mencionada en la Biblia.

Hubo una oportunidad maravillosa justo después de la Segunda Guerra Mundial en la que el cielo y la tierra podrían haberse unido centrados en el cristianismo. En aquel tiempo el ámbito cultural cristiano estaba unido y lideraba al mundo. Con Jesús desempeñaba el papel dirigente en el mundo espiritual y prevaleció en la tierra una cultura cristiana unida. Era una oportunidad fantástica para que Jesús y el Espíritu Santo descendieran a la tierra y se casasen sustancialmente como marido y esposa. Habrían iniciado el fundamento para resolver los problemas existentes provenientes de la separación y la división entre la mente y el cuerpo, hombre y mujer, y crear así el verdadero

Reino de los Cielos de paz en la tierra.

No estoy hablando de algo impreciso o vago. ¿Quién debería haberse casado primero desde la perspectiva del ideal de Dios de la creación? Adán y Eva. Pero a raíz de su caída formaron la primera barrera y la fuente de todas las barreras subsecuentes. Para derribar ahora esas barreras todos los hombres y las mujeres deben restaurarse al estado anterior a la caída y en ese punto casarse. En tal caso, no sólo nuestros ancestros sino incluso Dios mismo bailarán de alegría. Cuando semejante mundo llegue, será el Reino de los Cielos.

No obstante, un mundo de esas características no ha existido nunca en la historia humana. En su lugar, la gente ha estado en conflicto y sufriendo dolor, confundida por innumerables fronteras. En consecuencia, el punto de partida de la paz mundial exige que la humanidad encuentre el sendero para romper esa barrera primaria, pero la gente en el mundo aún no lo ha entendido. El Reverendo Moon y su esposa han venido a este mundo como los Verdaderos Padres, dando la Bendición a hombres y mujeres y mostrando al mundo, por primera vez, el camino para resolver todos los problemas fundamentales de los seres humanos.

Conocer a Dios.

Aunque existen millones de barreras, estoy seguro de que podemos derribarlas. ¿Cómo podemos hacerlo? El verdadero amor lo hace posible. Para deshacernos de esas barreras debemos conocer el verdadero amor tal y como Dios lo hace, es decir, debemos conocer a Dios al cien por cien.

Damas y caballeros, el mundo espiritual está formado por el Cielo y el Infierno, el Cielo se puede comparar con un mundo en plena luz del día, el Infierno a la oscuridad nocturna. ¿Pero si alguien no puede discernir entre el día y la noche cómo podría ocuparse de las barreras entre el Cielo y el Infierno? Sería imposible. Sólo la persona que realmente las conoce podría tener domino sobre los dos mundos. Esa persona podría eliminar las tinieblas porque conoce claramente la esencia del Infierno. Dios, quien es omnipotente y omnisciente, puede

eliminar las tinieblas. Pero antes debemos conocer a Dios. ¿Podéis decir que conocéis a Dios? ¿Hasta qué punto Le conocéis? ¿Entendéis que Dios se complace con las riquezas, el poder o el conocimiento? Semejante Dios nunca podría liberar a la humanidad. Debéis conocer a Dios plenamente para expulsar a Satán totalmente y resolver los problemas básicos del mundo. Además, aún si conocierais a Dios plenamente, ¿sabéis qué es útil en Dios para derrumbar las barreras levantadas a lo largo de miles de años? Eso es lo que importa.

Dios es el Señor del universo. ¿No debería existir un entorno donde Dios pueda morar, un vecindario y una nación donde Dios pueda habitar? Para que conozcamos a Dios debemos restaurar Su nación en un ámbito recíproco a Su gobierno. El entorno terráqueo todavía esta bloqueado por numerosas barreras. Deshaciéndonos de ellas deberíamos construir una nación con la cual Dios pueda estar contento. ¿No le gustaría a la creación ser gobernada por Dios? En efecto, la creación entera está ansiosa de ser liberada de su servidumbre de dolor y persecución causada por el dominio de Satán, y de las muchas barreras que la dividen.

Damas y caballeros, debemos conocer a Dios claramente más que a cualquier otra cosa y debemos saber de buena tinta cómo construir el Reino de Dios. En tal caso, vayamos a donde vayamos y en cualquier circunstancia en que nos hallemos recibiremos inspiración sobre cómo tratar con las dificultades entre las distintas culturas y tradiciones del mundo.

Sin lugar a dudas Dios existe en el Cielo. No obstante, hay incontables barreras que oscurecen al mundo actual. ¿Cómo ocurrió esto? Esto pasó debido a que apenas nadie conoce a Dios, Su Reino y la tradición en Su Reino. Una vez que la gente conozca esto de forma clara la liberación ocurrirá tanto en el mundo espiritual como en el mundo físico.

Podremos incluso gritarle a Satán: "¡Oye, Satán!". Y nos obedecerá. En ese momento sabremos cómo vivir en unión con el corazón de Dios y Su Reino, en una cultura de valores y tradición celestial.

Vivir por los demás.

La gente que conoce a Dios vive con amor por otros. Por lo tanto, en lugar de buscar amor para nosotros mismos deberíamos intentar amar a otros por su bien y convertirlos en maestros de amor haciéndoles bailar de amor. Por tanto, nos convertiremos en los herederos de Dios, gente que conoce a Dios y engalanan y resguardan Su Reino. No habrá forma en que Satán pueda interponerse a los herederos de Dios.

Si amáis a los enemigos sobreponiéndoos al enfado y a la cólera en situaciones donde incluso matan a vuestros seres queridos, dominaréis el mundo de los enemigos y Satán deberá retroceder. Al final, vuestros enemigos os mostrarán respeto. Si vivís por el bien de los demás hasta el extremo de amar al prójimo más que a vuestros padres, Satán echará a correr. Todo lo que habéis dado será recompensado miles de veces por Dios.

¿Cuál es de nuevo el secreto para conocer a Dios, Su Reino y Su pensamiento, que nos concederá expulsar a Satán de todas partes? Es vivir y morir por el bien de otros y practicar así el verdadero amor. Cuando lo hagamos ciertamente Satán huirá. Y no se fugará sin hacer nada. Antes de irse, derribará todas las barreras que levantó alrededor de nosotros.

¿Qué pasará después? Una vez que Satán haya desaparecido, la gente que estaba atrapada en el infierno podrá elevarse y entrar en el Cielo, practicando estos principios de vida eterna. La vida eterna será finalmente una realidad. La gente que exalta a Dios como su Padre, la fuente de la vida, deseará ciertamente poner en práctica la tradición de Dios de vivir por el bien de los demás y seguirán haciéndolo por decenas de miles de años. Así los individuos podrán convertirse en gente de vida eterna, practicando la tradición de vida eterna y llegando a obtener el linaje eterno de Dios.

La vida eterna es un atributo esencial del amor. Incluso cuando Dios creó al universo se ciñó a los estándares de fe absoluta, amor absoluto y obediencia absoluta. Dios vive de esa forma, siempre deseando invertir más amor por el mundo, a pesar de que todo en el mundo es efímero. Por eso, no hay ningún ser que no pueda más que atenderle como el Señor eterno, absoluto, único e incambiable.

Nosotros, los humanos que fuimos creados como los hijos de Dios, deberíamos asimismo ser capaces de invertir todo nuestro amor absoluta y eternamente. Si lo hacemos, entonces el Reino de Dios será nuestro y Dios nos pertenecerá.

En resumen, nuestro estilo de vida debería ser igual al de Dios, el dueño de la tradición celestial. Entonces nos convertiremos en los hijos e hijas de Dios y la vida eterna y la inmortalidad nos corresponderá. Por eso el versículo bíblico que dice: "El que quiera salvar su vida la perderá y el que perdiera su vida por mi causa la ganará" es tan veraz a pesar de que suene paradójico.

El amor irrealizado de Dios

Damas y caballeros, Dios es admirable, ¿pero ha llegado a ser alguna vez el Señor del amor? El verdadero amor no se puede experimentar solo. No se puede crear el amor por uno mismo. Para que un hombre perciba el amor necesita obligatoriamente de una mujer. Tener una mujer a su lado a quien amar es el requisito ineludible para que un hombre sea el sujeto de amor. Esto es un hecho sorprendente. Sea lo grande que sea un hombre, si no tiene mujer, es como si fuera un viudo. ¿Qué es un viudo? Es un padre que vive solo. Es una vida enlutada. Al vivir solo, el viudo no puede percibir el verdadero amor, sea lo famoso o rico que sea.

Dios posee verdadero amor, verdadero linaje y verdadera vida. También posee una conciencia, una mente lisa no desigual. Puede parecer que Dios lo tiene todo. ¿No obstante, sin tener a alguien a quien amar, cómo podría Él exteriorizar Sus valores? Por sí mismo no puede manifestarlo, no para siempre. ¿Por qué es así? Un hombre es sólo mitad de una persona. No importa lo grande que sea, ya sea presidente o primer ministro, no importa lo elocuente que sea, como hombre no puede eludir el hecho de ser sólo mitad de persona. De la misma forma una mujer es sólo mitad de persona.

¿Por qué es un hombre sólo mitad de persona? Tiene la parte convexa, pero carece de la cóncava. Tanto la parte convexa como la cóncava son precisas para completar el amor. Una mujer es la otra parte que proporciona lo cóncavo, que al hombre le falta. Por tanto, un hombre descubre el verdadero amor perfecto sólo con una mujer.

La caída y la pérdida del linaje de Dios.

Entendemos que en el momento de la caída de los primeros antepasados, sus mentes y cuerpos no pudieron unirse con el linaje de Dios, sino que, por el contrario, establecieron un enlace con el linaje de Satán. A consecuencia de esto, Dios no ha podido ver a Sus nietos, quienes deberían haber sido Su tercera generación. A lo largo de la providencia de la salvación Dios ha estado buscando a Su tercera generación y deseando vincularlos a Su linaje.

Se supone que los hijos e hijas de Dios que se reprodujeron sobre la faz de la tierra deberían, sin falta, convertirse en las buenas semillas que Dios y Adán ideaban. Dondequiera que fueran engendrados, deberían ser los hijos de la creación original que serían amamantados por los padres y que instintivamente les seguirían para entrar en el Reino de los Cielos. Pero, debido a la caída, el linaje de Satán empezó a calar en nuestros cuerpos. Por tanto, con el fin de renacer deberíamos estar dispuestos a morir, cortarnos las venas y sacarnos la sangre, si fuera necesario.

Es un hecho incuestionable que nuestro linaje está contaminado. Es una cuestión seria. ¿Os habéis dado cuenta alguna vez de que vuestro cuerpo está en semejante estado? ¡Pensadlo bien! Es espantoso saber que la sangre de vuestro enemigo rodea vuestros huesos y que corre por vuestras venas, como lo está haciendo desde hace millones de años. Es preocupante que no os hayáis dado cuenta de cuán mísera es la condición de vuestro yo, en la que vuestro cuerpo domina y pisotea a vuestra mente.

Se puede comparar la caída a unirse a una cuerda que va de este a oeste cuando deberíamos habernos unido con la cuerda que va de norte a sur. Siendo este el caso, nuestro problema estriba en cómo engancharse de nuevo correctamente a la cuerda que va de norte a sur en lugar de continuar erróneamente amarrado al cabo este-oeste.

El remedio de la desconexión y la reconexión es la Bendición otorgada en la Iglesia de la Unificación, es decir, la Bendición internacional, que nos liga de nuevo al linaje original.

Si Adán y Eva no hubieran caído en el comienzo, hubieran llegado a ser nuestros padres externos dándonos en herencia el linaje del amor de Dios. Uniéndose internamente con el Padre Celestial y conllevando Su amor absoluto, Adán y Eva vendrían a ser los progenitores físicos y espirituales de la humanidad. El día de su boda habría sido el momento de ocupar ese punto central y estarían capacitados para unirse con semejante amor. Cuando hubiesen consumado su primer amor en su primera noche se habían hecho un solo cuerpo con Dios.

Pero a raíz de la caída todo aquello se echó a perder. Dios quiso propagar el amor conyugal desde Su perspectiva pero no encontró lugar para hacerlo. En vez, se convirtió en un Dios fallido.

¿Puede Dios amar solo? Inclusive una mujer atractiva y talentosa necesita a un hombre y aún un hombre mal parecido podría cumplir sus necesidades. Una mujer contiene amor, vida, linaje y conciencia en su mente pero hasta que no aparezca una contraparte en forma de hombre no se ponen en movimiento. Así el amor no se activa, no se agiliza una vida de amor. El linaje no se desarrolla. La conciencia queda sin respuesta. De la misma forma sólo cuando una mujer aparece como su amada reciproca se actualizan el amor, vida y linaje de un hombre.

Si Adán y Eva hubieran esperado hasta los 18 años Dios les hubiera bendecido en matrimonio y les hubiera autorizado a convertirse en marido y esposa y los verdaderos antepasados de la humanidad. Pero cayeron a la edad aproximada de 16 años jugando con el amor de la misma manera en que los niños juegan con el fuego.

Damas y caballeros, ¿ha nacido alguien mujer u hombre porque lo hubiera deseado? Muchos hombres son arrogantes y presuntuosos despreciando y avasallando a las mujeres. Ese tipo de hombres no va sino al infierno.

Preparando un lugar para el Señor del amor.

Damas y caballeros, ¿sabéis por qué Dios llegó a ser desdichado? Dios es el gran Rey del verdadero amor pero perdió la posición donde podía amar realmente como a Él le gustaría, morando como un solo cuerpo con los primeros progenitores. Dios es como un viudo o una viuda, solo como la una sin poder sentir el amor verdadero que tanto venera. Se hizo miserable cuando perdió el eco del verdadero amor de Su corazón.

Haciéndose los ecos recíprocos en la familia de Dios, Adán y Eva deberían fijar el trono para el Señor del amor y así encarnar a Dios. No cumplieron esta responsabilidad, no obstante, su deseo de por vida fue permitirle a Dios ocupar Su trono de verdadero amor.

Por eso, la primera condición para recibir la Bendición de la Iglesia de la Unificación es vivir la tradición de amar verdaderamente en la posición de novio y novia de Dios. Aunque se perdió la tradición, el verdadero amor inmutable de Dios permaneció. Entre tanto nosotros, esposos y esposas, no neguemos jamás ese amor por toda la eternidad, nos uniremos definitivamente al linaje de los hijos e hijas de Dios.

¿Quién acomodará el trono para el Señor de verdadero amor, el lugar donde Dios funda Su lazo de sangre y puede amar a un hombre y una mujer de verdad? Sólo un hombre y una mujer semejantes pueden hacerlo. En otras palabras, Adán y Eva deben restaurar por indemnización la posición de contrapartes hacia el Señor del verdadero amor haciéndose el novio y la novia de Dios.

Dios concibió a un hijo y una hija a partir de Su polaridad Divina, de ese aspecto dual de Su naturaleza ellos nacieron. Debemos saber que, por tanto, el hijo y la hija tienen un valor equivalente.

Restaurar la tercera generación de Dios.

Como marido y esposa de valor equivalente debemos restaurar el verdadero amor conyugal que Dios desea. Asimismo, ya que Dios no pudo amar a ningún bebe en el útero de su madre, nosotros por medio de nuestros bebes nacidos en nuestra familia podemos restaurar para

Dios la posición de Señor de Verdadero Amor para hijos e hijas, que no ha podido disfrutar hasta el momento. Desde esta perspectiva, podemos restaurar para Dios el Señorío de hermanos, de adolescentes, de cónyuges y de padres. De esta manera, nuestros hijos pueden ser los nietos tan anhelados por Dios desde antaño.

La tercera generación, los nietos de Dios fue arrebatada por el Diablo. Cuando tratamos con todo esto mediante nuestros hijos en el lugar de Dios, restauraremos la posición de Señor del verdadero amor. En ese momento, Dios os reconoce como los segundos padres originales en la posición de poseer el amor originalmente conferido a Adán y Eva.

Los nietos nacidos en semejante linaje tendrán el valor de los frutos de Reino de los Cielos en el futuro, representando tanto al mundo espiritual como al Reinado terrenal. Será la tercera generación calificada para gobernar el Reino de los Cielos en la tierra. Los frutos del

Reino se propagarán de esa generación en adelante. A partir de entonces los hijos crecerán hacia un carácter maduro y al verdadero amor sólo por la educación de sus padres sin necesidad de religión. Todos serán aptos para el Reino de los Cielos. Todas las personas cumplirán el modelo original de las ocho etapas de verdadero amor del ideal de la creación de Dios.

En cuando lo restauremos nos convertiremos en una tribu unificada cruzando las 12 puertas del mundo espiritual y todas las barreras en el mundo físico. Esto abrirá la puerta hacia el mundo liberado del Cielo y de la tierra, el palacio unificado del Reino de los Cielos en la tierra y en el Cielo.

Las ocho etapas del verdadero amor.

Hay ocho etapas de verdadero amor: en el vientre, la infancia, la niñez, la adolescencia, el matrimonio, padres, abuelos, rey y reina. Hasta el presente Dios no ha podido tener un fundamento firme de tradición que forje las ocho etapas de amor sobre la faz de la tierra. Dios no pudo ser el Señor de amor de esas ocho etapas. Permanecieron totalmente vacías. ¿Cómo, pues, podemos resolver la vergüenza y el dolor de Dios? Los Verdaderos Padres llenan el vacío de las ocho etapas y las perfeccionan descubriendo los secretos del mundo satánico y del Reino de los Cielos. Revelan la puerta del linaje, el único camino para que la humanidad vaya al Cielo. Cada hombre debe convertirse en un Adán perfecto, cada mujer en una Eva perfecta. Si Dios es su Señor de verdadero amor mientras está en el vientre materno como una niña y si logra que Dios sea su Señor de verdadero amor como una hija, adolescente, en su matrimonio, a lo largo de las etapas de madre, abuela y reina también poseerá la reciprocidad real del verdadero amor y se perfeccionará.

Una familia terrestre con sus relaciones visibles sólo es media familia. Para completarse, debe unirse con la correlación vertical de Dios. Representa unir espíritu y cuerpo. Tales familias heredarán el linaje y la tradición del verdadero amor. Cuando nuestras familias así lo hacen, automáticamente participarán en el reino de unificado del cielo y la tierra, y no podemos más que convertirnos en gente y familias celestiales. Nos deleitaremos en la libertad de hijos e hijas de Dios y seremos señores en el Reino celestial.

Hagámonos ciudadanos del Reino celestial.

Cada persona, hombre o mujer, es la manifestación externa de Dios y el amado de Dios. El invisible Dios interno y nosotros, Sus manifestaciones externas visibles, hemos suspirado por esta re-conexión de linaje. Esta labor se debe cumplir encauzada por madres y esposas. Una vez que nos enlacemos al linaje de Dios debemos vivir orgullosos de ser las encarnaciones externas de Dios.

La esposa juega un papel fundamental para conectar a su familia a este linaje y tradición. Los hijos también tienen un papel. Las tribus, las naciones, e incluso el universo entero deben, en último lugar, unirse al linaje de Dios. El linaje es muy importante.

¿Por qué nos casamos? Es para que así el hombre, que es mitad de persona, y la mujer, la otra mitad, se encuentren para formar una pareja y experimenten el verdadero amor perfecto. Dios no quiere morar sólo en una mitad. Cuando un hombre y una mujer se encuentran para unirse perfectamente, Dios también une Su carácter interno y Su forma externa en una relación de verdadero amor, estableciendo así la tradición del amor verdadero vertical.

Debemos venerar a nuestros ancestros. Debemos amor a la gente. Debemos crear unidad con un verdadero liderazgo. Un rey que vive bien ignorando a su pueblo es un impostor y un hijo del diablo. Está creando fronteras.

Hoy por hoy la humanidad debe experimentar una revolución interna. Debemos recibir del Cielo la fortuna celestial, fundamentada en la familia, y posicionar a Dios como el Señor absoluto de verdadero amor. Mediante esta revolución, nosotros, los seres resultantes, serviremos y seguiremos a Dios, nuestra causa, con fe, amor y obediencia absolutos. Sólo de esta manera podremos alcanzar un estado de perfección sin fronteras. En el momento en que alguien se desvía de su ideal, aparecerá un sujeto rival y se creará una barrera destructiva.

A partir de ahora, no os arriesguéis erigiendo o construyendo fronteras en vuestro camino del amor. Cualquier mujer que piense: "Mi esposo debe amarme, mis hijos deben amarme sólo a mí y no a su padre..." debe dejar esta actitud. Una mujer debe abrazar a sus hijos y recibir el amor de sus padres. Si educa a los hijos junto con su marido y responde a su amor, ella pertenece a Dios.

La puerta del amor hacia las ochos etapas de Dios fue devastada debido a una mujer. Por tanto, las mujeres deben mostrar una devoción sincera en la recreación de sus maridos e hijos e hijas, perfeccionando a los ojos de Dios la posición de Señor del verdadero amor de Sus ocho etapas en sus familias bendecidas.

Habiendo elevado a nuestras familias de esta forma, podemos proseguir preparando la realeza del verdadero amor que se realiza al amar y ascender desde la escala individual a la familiar, a la tribal, a la mundial y a la cósmica. Entonces seremos libres de viajar a cualquier parte, aunque sea a la entrada del Reino de los Cielos en la tierra o las 12 puertas del Reino de los Cielos en el mundo espiritual. Debemos saber con claridad que, a menos que lleguemos a estar calificados como los hijos e hijas en el linaje de Dios, no podremos ser ciudadanos del reino de los Cielos en la tierra o en el mundo espiritual. No puedo dejar de destacarlo una y otra vez. Es la clave para eliminar las barreras.

La tarea de derribar barreras incluye reducir las fronteras nacionales mediante la labor de las Naciones Unidas, deshacerse de las barreras religiosas, derrumbar barreras étnicas y raciales y, en última instancia, eliminar la barrera entre el Cielo y el infierno. Pero como todas las líneas divisorias conducen al final de Adán y Eva, los falsos padres, nadie aparte de los Verdaderos Padres puede derribarlas. Dios no puede hacerlo por Sí mismo y Satán ciertamente no puede, ya que es él quien las creó. ¿Quién puede parar el conflicto entre Dios y Satán? Puesto que esta guerra fue iniciada por los falsos padres, sólo los Verdaderos Padres pueden resolverlo.

Damas y caballeros, espero que salgan esta noche de aquí con la determinación de derrumbar todas las barreras y llevar este mensaje de liberación a toda la humanidad.

Muchas gracias.

Conseguir una Verdadera Familia. La mejor puerta para entrar en el Cielo.

Resumen de distintos discursos de
Sun Myung Moon. Editado en 2009

Prefacio

¡Ciudadanos de la aldea global y buscadores de un mundo de paz!

En este libro presentamos una parte de los mensajes históricos, providenciales y especiales del Cielo. Son los mensajes del Cielo que el Reverendo Moon, quien recibió la llamada del Cielo a la temprana edad de 16 años y buscó el camino de la salvación de la humanidad, ha declarado y enseñado en todo el mundo durante los noventa años de su vida, y continúa con este camino.

Las enseñanzas del Reverendo Moon han sido publicadas en más de 1.000 libros. Este libro contiene el tercer, cuarto y quinto capítulo del Cheon Seong Gyeong, uno de los libros de discursos.

El contenido de este librillo resalta, de entre las muchas enseñanzas que el Reverendo Moon ha impartido a lo largo de las últimas décadas, el amor tal cual fue creado originariamente; a saber, el amor entre un verdadero hombre y una verdadera mujer centrada en el verdadero amor, el estándar de la verdadera familia, el valor de la verdadera vida y sobre otros temas similares. Es una colección de discursos ofrecidos desde los años 50 y a lo largo de décadas hasta nuestros días sobre el mismo tema. Por ello, hay partes que se repiten y el lector puede tener la impresión de que redundan sobre lo mismo.

No obstante, si el lector puede, a lo largo de su lectura, ahondar en la esencia de las palabras enunciadas en cada ocasión, podrá darse cuenta de que poseen una profunda verdad y que incluso cada uno de esos discursos exhibe un significado profundo y trascendente. Eso se debe a que no son discursos que han surgido de la cabeza de un ser humano, sino que se trata de la verdad del Cielo declarada por el Reverendo Moon. Puede compararse a que ninguna primavera es igual a otra, aunque se repiten cada año.

Esperamos que puedan agradecer las palabras de inspiración que el Reverendo Moon transmite en este libro para iluminar el futuro de la humanidad.

Él ha estado toda su vida buscando este ideal de llegar a ser Verdaderos Padres, y está compartiendo con el amor de un padre este libro como un regalo a la humanidad. También deseo que el lector lea este libro con atención hasta el final y pueda servir de referente en sus vidas futuras.

Que la gracia del Cielo esté con vosotros, vuestras familias y vuestra nación.

El editor.

CONTENIDO

CAPÍTULO TRES

CAPÍTULO CUATRO

CAPÍTULO UNO

EL CURSO DE LA VIDA

Sección 1. Oraciones relacionadas con el curso de la vida.

"Querido padre celestial: te agradezco tu gracia por haberme protegido en mis luchas desde la infancia hasta ahora, durante las que yo he estado atemorizado por cualquier humillación o vergüenza que del cielo pudiera haber sufrido.

Para cualquier asunto bueno que haya en esta Tierra no hay nada más precioso que conectarse con el corazón original. Conscientes de esto, debemos añorar infinitamente esta relación. Mantener en mente que aquellos que experimentan el amor no tendrán remordimientos si se olvidan de todos los elementos de este mundo. Ahora debemos buscar el ideal, la tierra natal original, donde podamos vivir por Su amor. Por ahora tenemos que prepararnos en esta Tierra para el día de nuestro nacimiento como hijos liberados, dotados con la autoridad de la libertad de nuestra tercera vida.

Debemos saber que, así como necesitamos estar sanos en el vientre para nacer y llevar una vida correcta en la Tierra, también necesitamos vivir una vida correcta para obtener una saludable en el cielo. Dado que el mundo de hoy está en conflicto, bajo la soberanía y el dominio del mal, tenemos que estar dispuestos a combatir hasta la muerte, para ser bendecidos con la gracia y ayuda del cielo y la tierra, y poder recibirlos regalos del universo. Debemos ser conscientes de que nuestros descendientes nunca deberán ser puestos en la misma posición que la nuestra."

Amado padre, cuando pensamos en el hecho de que existes y te has afanado incesantemente para entrar en una nueva primavera, tenemos que convertirnos y ser infinitamente agradecidos; joviales hijos e hijas, quienes lamentamos el hecho de que aún nos falta ofrecerte toda nuestra vida y amor. Debemos saber que, a través de nuestra relación predestinada, nuestras vidas están armonizadas y, siendo absorbidos, nos permites saludar a la nueva primavera.

Es necesario saber que sólo cuando saludemos a la primavera se abrirán las flores. No tenemos que llegar a ser almas tan miserables como para no hacer esto nunca. Así como una flor pasa a través del verano y el otoño antes de florecer y producir frutos, nosotros también tenemos que pasar por un proceso similar para dar frutos.

Se nos recuerda el hecho de que para que un árbol produzca frutos, éste primero absorbe, en verano, los elementos de vida a través de sus raíces, troncos y ramas, para albergar una perfecta fuerza de vida que trae la segunda vida. Del mismo modo, nosotros debemos llegar a ser hijos e hijas introspectivos, al determinar si tenemos una fuerza de vida que mana y se levanta en nuestro corazón, capaz de renacer en un nuevo mundo aun si fallecen nuestros cuerpos.

Sin importar lo rápido que pase el tiempo y, a pesar de lo fuerte que sea la furia de las tormentas, nuestra fuerza interna de la vida no debe verse afectada por las intrusiones del ambiente, sino que debe perseverar incansablemente en el sendero del crecimiento. Sólo así podemos darle la bienvenida a la nueva primavera y llegará a ser una semilla, la matriz para producir una segunda vida, para ser plantados otra vez.

De igual manera, sin importar lo patéticos que nos veamos externamente, si tenemos la valoración de ser la matriz que pueda realzar la fuerza de la vida espiritual y llegar a ser la semilla que pueda ser plantada en el mundo infinito, no seremos gente miserable. Por favor, permítenos darnos cuenta de que, mientras más miseria padezcamos externamente, nuestro valor interno será completo y garantizado.

"Padre, nos hemos dado cuenta de que sin el deseo de servir y reverenciarte humildemente, no podremos tener ninguna relación contigo en el mundo de la eternidad. Abre las puertas de nuestros corazones

para poder sentir y escuchar tu voz fluyendo desde lo más profundo de nuestros corazones, y guíanos para recuperar el tiempo perdido. Ayúdanos a realizar tu curso histórico de ver el fin de las luchas, y que humildemente inclinemos nuestra mente ante Ti"

Sección 2. El Propósito que la gente busca en su vida.

Dios no tiene un cuerpo, por lo que, con el fin de manifestarse, usó a Adán y Eva, mostrando su rostro a través de ellos. Este es el ideal de la creación.

Dios es el foco espiritual original; Adán y Eva son el foco físico. Estos dos puntos focales generan un ángulo de 90 grados. Este es Su propósito para la creación y lo que todas las personas desean. Si Adán y Eva no hubieran pecado, ocuparían la posición de padre y madre para siempre en el mundo de los espíritus; sin embargo, debido a la caída, esto no fue posible. Si no hubiesen pecado, todos podríamos haber ido al cielo simplemente atendiendo a nuestros padres como si fuera a Dios.

Sección 3. ¿Por qué nacemos?

Este mundo es redondo por doquier: el sol, la tierra, las estrellas, todo es así. Aun nuestra boca, si la analizamos, tiene esa forma. Todo fue creado de esta manera. Entonces, el universo forma relaciones dando vueltas y vueltas, haciendo movimientos circulares y cíclicos. Aun si un elemento individual tiene una forma redonda, esta no existe por sí misma, sino que está interconectada con el todo, a través de relaciones.

¿Entonces para qué nacemos? Nacemos para estar en consonancia con el vasto universo. Olas oceánicas que rompen en la playa también rompen en nuestros corazones; la brisa gentil que suspira serenamente y nos calma llenándonos de serenidad; las flores que se abren, liberan su rica fragancia y agitan la de nuestros corazones.

Si cuando nacemos, somos educados, vivimos y morimos en amor, podemos estar agradecidos por nacer, vivir y morir. Todos vosotros nacéis y compartís el lugar donde vuestro padre y vuestra madre se amaron desmesuradamente, exageradamente. Vosotros participáis en este amor. Como nacisteis a través del amor de vuestros padres os consideráis a vosotros mismos nacidos como la bandera plantada a través de ellos. Esas banderas se agitan para expresarlo. Todos nosotros queremos vivir por el bien del amor a lo largo de nuestras vidas. Así deberían agitar la bandera, ya sea por su padre, su madre y por sus hermanos y hermanas.

Sección 4. La relación entre un instante (día) y toda la vida.

Vuestro cuerpo vivo no puede ser perfeccionado a menos que toda vuestra existencia llegue a ser un punto de apoyo para absorber nutrientes. Este fenómeno ocurre en el mundo natural. Las encrucijadas de la vida no aparecen durante un largo período de tiempo, sino en un único momento.

La gente que ignora un instante deja de obtener algo precioso. Estas personas no pueden llegar a ser grandes, ni heredar el trono y la corona de Dios. Así, por el bien de un instante brillante, debéis tener cuidado con cada palabra que pronunciéis, cada acción que toméis, e incluso cada pensamiento que tengáis. Enfrentad la vida y resolved los problemas, creed que el contenido de vuestra vida cotidiana permanecerá como un fenómeno en la relación con el mundo, dado que este es el único camino en el que el ámbito de la victoria está determinado.

De esta manera, ese ámbito está determinado en un momento; así también el histórico y el ámbito universal. Aquellos que conocen el infinito valor de un instante brillante y viven en concordancia con éste, pueden llegar a ser grandes personas, aun santos e hijos e hijas de Dios. De esta manera, el enlace de la vida y la muerte se cruza en un solo momento.

El problema actual es nuestra actitud. Por supuesto, es necesario primero desear la venida del reino y que la voluntad de Dios se realice, pero lo más importante es cómo nosotros podemos llegar a unirnos con Su voluntad.

Si nos tomamos una hora, vemos que la manera en que la usamos para llegar a unirnos a Él es más importante que desear que venga el Reino de Dios. Por lo tanto, debemos primero crear los ambientes individuales, familiares, de las familias extendidas y los clanes étnicos que nos permitirán heredar la voluntad de Dios, con el cual podremos proceder a establecer la relación con Su Reino. Entonces, centrado en Él, ¿cómo hacemos una relación con la Voluntad en esta hora —si se les da una hora— en la esfera de su vida diaria? Este es un asunto muy importante.

Mirando la historia de la providencia de la restauración, hubo cuatro milenios bíblicos desde la familia de Adán y a lo largo de las familias de Noé, Abraham y Moisés hasta la de Jesús. Aquí, sin embargo, lo que los condujo al fracaso no ocurrió en un intervalo breve, digamos un año. En la familia de Adán, su Caída no fue planeada y puesta en práctica durante un periodo de un año o una década o aun muchas décadas. El error ocurrió en lo que dura un destello de luz y, cuando pensamos acerca del fallo que en un instante ha sido perpetuado por errores,

comenzamos a entender lo temible y horrible que trae consigo.

Debido al fracaso en ese momento, mucha gente que recorrió el sendero de la justicia en el curso de la historia humana tuvo que pasar por sufrimientos indescriptibles y muchas razas que no pudieron seguir la voluntad de Dios cayeron en el abismo de la destrucción. Todos llegaron a originar tremendas ofrendas de indemnización. Cuando entendemos esto, una sola hora que ordinariamente vivimos en nuestra vida cotidiana, podría llegar a ser temible. También tenemos que sentir que tan terrible instante puede ser un segundo de una hora que se da mientras el reloj hace tictac. Aun el eterno Reino de los Cielos no existe sin tener una relación integral en un solo segundo.

La eternidad no comienza cuando uno muere, sino en el momento en que nosotros conocemos la voluntad de Dios. Incluso cuando por un instante hay un salto en la relación del tiempo o se crea una brecha, la eternidad será interrumpida.

Por lo tanto, mientras camináis en el sendero de la fe del curso de vuestras vidas, no posterguéis o aplacéis vuestras responsabilidades providenciales de este año al próximo, y el año que viene para después; o de la juventud para la edad adulta y, finalmente, hasta la vejez. No podemos vivir así. La gente con tal estilo de vida morirá sin haber pasado ni un día estando con la voluntad de Dios en el curso de toda su vida. Ellos no pueden ir al Reino de los Cielos.

No importa lo bueno que sea vuestro país de residencia, no podéis ir al Reino de los Cielos si fuisteis incapaces de vivir un día o un año en un estándar victorioso. Por ende si es importante para los creyentes ir al frente soñando con la eternidad, es más importante erradicar el mal y convertirse en abanderados de la bondad, esto es crucial.

Desde esta perspectiva, el desliz momentáneo de Adán y Eva condujo a miles de años de angustias; pero Caín y Abel debieron disolver la angustia de sus padres, demoler las barreras que existieron entre hermanos y crear el origen de una familia nueva. Sin embargo, el homicidio de Abel, quien fue establecido en este momento como el representante de la providencia de la restauración, fue también un incidente instantáneo.

Aun en el curso de los 120 años durante los cuales Noé trabajó para construir el arca, no le llevó más que un breve momento a Dios para ordenar, "El día de cumplir mi deseo ha llegado, ¡todos a bordo!". Aquellos quienes siguieron esta orden recibieron la bendición eterna de Dios, pero aquellos que no lo hicieron fueron enterrados en el dominio del juicio eterno.

Ocurrió lo mismo con Abraham, con la bendición de Dios de que su descendencia sería numerosa como las estrellas del firmamento y como la arena que está en la orilla del mar; fue otorgada en un abrir y cerrar de ojos. La ofrenda de sacrificio hecha por Abraham no requirió décadas, sino más bien un solo día de trabajo. El tiempo que a él le llevó cortar la ofrenda y colocarla en el altar no fue más que una hora; aún así, esta simple hora histórica lleva las semillas de toda la vida, la muerte, maldición y bendición.

Los creyentes de ahora a lo que deberían de temer no es la visita del juicio de los últimos días, sino más bien al problema de cómo van a armonizar sus actividades diarias y enfrentar la encrucijada de la vida según la voluntad de Dios.

Sección 5. La infancia y las tres etapas ordenadas del período de crecimiento.

Cuando Dios creó a Adán y Eva, ¿cómo los creó? Si Él usó alguna arcilla, ¿de qué tipo era? ¿Por dónde comenzó? ¿Desde qué punto inició la vida de Adán y Eva? No podemos pensar que Dios los creó como adultos, sino más bien como bebés, pero sin la noción de que Él se comportó como una madre embarazada que, subsecuentemente, dio a luz, alimentó y crió a un bebé; no podemos explicar lógicamente la formación de todas las existencias a través de las tres etapas ordenadas de crecimiento. Consecuentemente, Adán y Eva también pasaron por la infancia, seguida de lo que fue el nivel de crecimiento. Esta es la ley celestial, por ello allí tuvo que estar el nivel de perfeccionamiento.

¿Cómo fue la infancia de Adán y Eva? Debemos partir de la teoría de que Dios nutrió y crió a un bebé que pudo pasar por el proceso de ir desde el mundo invisible al mundo visible.

Sección 6. El sendero de nuestra vida.

Como la sociedad, la nación y el mundo en el que vivimos aún están lejos del ideal, ocurren todo tipo de sufrimientos y la bondad y la maldad tienen propósitos cruzados. Si tomamos al azar una muestra de cien hombres, siempre aparece el caso de uno que lucharía a empujones entre los cien, para hacer frente a las circunstancias de sus asuntos mundanos. Por lo tanto, sentimos con claridad que en la vida cotidiana ninguno tiene la confianza de terminar el trabajo diario que había planificado desde la mañana. Pero mientras más amplio sea el alcance de nuestras actividades, más empuje y determinación deberíamos invertir para obtener resultados victoriosos en nuestra vida diaria. Careciendo de estos impulsos, ese día no será un día victorioso. Tales días se tornan en meses y los meses en años.

Nosotros también carecemos de un ambiente adecuado para alcanzar nuestras metas. Para terminar nuestro mes en victoria, también necesitamos empuje y determinación, mientras afrontamos todos los pequeños detalles y complejidades que nos rodean en ese momento y, sin ello, no podemos concluir victoriosamente actividades mensuales.

Pasar por un año exitosamente requiere que estemos equipados con el espíritu de lucha o la fuerza de empuje que pueda echar a un lado todas las vicisitudes de cada día. Sólo así podemos celebrar ese año victoriosamente. Si vivimos un año de esta manera y continuamos así, eventualmente se sumarán diez, luego veinte y después treinta años y, eventualmente, se convertirá en el sendero de nuestra vida.

La gente que vive hoy en la Tierra no puede escapar de las restricciones del tiempo. Lo mismo ha sucedido a través de la historia. Individuos, familias, tribus, clanes étnicos, naciones y el mundo, todos se mueven dentro del dominio del tiempo. Dondequiera que exista la gente, siempre hay una meta a ser cumplida. Nosotros nos enfocamos en tales objetivos durante diez, veinte, treinta, setenta años y, de hecho, por toda nuestra vida. Mientras más grande sea nuestra meta, más fuertes tienen que ser nuestros compromisos internos. De otra manera, seremos incapaces de lograrlo. A menos que mantengamos una determinación interna que pueda sobrepasar la meta a través del proceso llamado tiempo, nunca lo cumpliremos.

Sección 7. El pueblo natal original que debemos buscar.

Ustedes tal vez no conozcan la realidad del mundo espiritual, pero yo disfruto de un talento especial concedido por Dios, de tener un claro entendimiento del mundo desconocido.

Cavando en la raíz de este mundo hallé que sus principios son muy simples: este es el lugar al que van sólo aquellos que viven de manera altruista en consonancia con los principios universales de Dios. El mundo estructurado a lo largo de esas directrices es el reino de los cielos, "el pueblo natal original" que la humanidad debe buscar. Hoy, todos estamos exiliados de nuestra tierra natal original y vivimos una vida caída, pecaminosa, pero estamos destinados a regresar allí. No obstante, como no pudimos hacerlo por nuestro propio esfuerzo, Dios tuvo que crear un camino para esto durante el curso de la historia.

Por eso, Dios levanta a tantas y diferentes religiones como campos de entrenamiento, para que Él pueda dirigir a la humanidad a lo largo de este sendero, sin distinción de raza, cultura, costumbres o tradiciones. Las religiones son las escuelas para entrenar a la gente para que puedan prepararse y retornar al pueblo natal original. Tomando en cuenta los diversos antecedentes culturales ubicados en las cuatro esquinas de la Tierra, Dios está dirigiendo a la humanidad hacia un mundo unificado de religión que puede progresar ascendentemente hacia un terreno más elevado.

¿Qué enseña la religión que guiará a la gente hacia la tierra natal original? Enseña a vivir por ellos y para el beneficio de los demás. Dado que las religiones altamente desarrolladas tienden a enfatizar este principio, nos enseñan a ser gentiles y mansos, para estar en posición de elevar a otros a vivir por su bien y servirles sacrificadamente. Todo esto vale para inculcar la disciplina de acatar la ley del Reino de los Cielos.

Sección 8. Nuestro camino más elevado en la vida.

¿Cuál debería ser el sendero de nuestra vida? El sendero de poseer el amor de Dios, esta es la vida más elevada y el destino final. Cada uno, hombres y mujeres, debe recorrer esta ruta.

El sendero de nuestra vida debe guiarnos al infinito amor de Dios. El paso más grandioso consiste en encontrar su amor, cruzando los riscos de la muerte, decenas, cientos de veces, y continuando la búsqueda aun después de la muerte.

¿Dónde terminan nuestros deseos? Al poseer el amor de Dios. Con respecto a esto, a menos que a través de Él poseamos el amor que es más precioso que el nuestro, Dios no puede ser nuestro. Por lo tanto,

necesitamos tener su amor. Lo que quiero decir es que si poseemos el amor de Dios, entonces estará bien todo, aunque Él no se encuentre alrededor. Cuando Su amor se hace mío y el mío se hace Suyo, lo interno y lo externo llega a unirse por primera vez; una nación basada en esto llegará a ser el pueblo natal e ideal, sin clases superiores o inferiores.

Cuando nosotros yacemos en ese lugar de amor, sentimos que no hay nada bajo el sol que no parezca bueno y que no exista para nuestro bienestar; así es el mundo de los espíritus, el destino de la humanidad, llamado el Reino de los Cielos.

Sección 9. El estándar del nacimiento y el estándar de la vida.

El estándar equivocado del nacimiento.

Alguna gente del mundo que hoy alardea de su alcurnia y luce sus grados e insignias de distinción social no es consciente de que su nacimiento fue espiritualmente manchado. No saben que nacieron con el amor, la vida y el linaje de Satanás, el enemigo de Dios. Éste es un problema serio.

Debido a la caída, la gente nace del amor de Satanás, el cual ha sido legado a sus padres. Su "sangre" se ha abierto camino a través de las vidas de nuestras madres y padres hasta nosotros. El fruto de esos tres elementos: amor, vida y linaje, es uno mismo.

Tal es así, que todos ustedes pertenecen al linaje satánico. En otras palabras, la "sangre" de Satanás esta corriendo por sus venas. Por lo tanto, él automáticamente produce su fruto ideal mientras Dios lucha por redimir a los hombres y mujeres para que lleguen a ser originalmente personas puras y perfectas.

Todos vosotros comenzasteis con el amor de Satanás y nacisteis de su linaje.

Como nuestro comienzo fue errado, debemos retornar al punto original. Ya que somos descendientes de los padres falsos, necesitamos retornar y comenzar de nuevo, desde los padres verdaderos. ¡Esto es muy serio! Es imperativo heredar el amor, la vida y el linaje de Dios renovadamente.

Cuando recibís la bendición de matrimonio, acudís a la ceremonia para el cambio del linaje. Debéis creer en esto más que en vuestra propia vida. Por el hecho de que sea una ceremonia de la Iglesia de la Unificación no deberíais pensar en esta como un ritual ordinario. Es como un medicamento maravilloso para retornar a los muertos a la vida; es un antídoto.

Nuestros antepasados cometieron un error tan grave que incontables personas fueron víctimas de sus efectos secundarios a lo largo del curso de la historia humana. Sabiendo esto, no podemos volver a pisar el mismo camino nunca más. Pagamos un precio espantoso a través de la historia por haber perpetuado el amor ilícito en los mundos caídos, físico y espiritual. Esto tuvo consecuencias de largo alcance para individuos, familias, sociedades, naciones y el mundo.

El estándar de la vida.

Cuando yo digo vida, quiero decir vida eterna. No me estoy refiriendo sólo al mundo espiritual, sino a la eternidad.

La entidad conocida como yo fue creada para ser el objeto recíproco del amor de Dios. Yo soy el objeto del Dios absoluto, el sujeto recíproco y el acompañante de su amor. Dios aprecia la noción del amor verdadero más que a sí mismo. Él es el absoluto y eterno centro de la vida. Su ideal es aún más eterno y el centro de ese ideal es el amor. Entonces su acompañante soy yo.

El atributo del amor es la unidad entre el sujeto y el objeto, recíprocos acompañantes (siendo el sujeto quien inicia y el objeto quien recibe y responde). Tal amor puede unificar a una nación. Así, el objeto y sujeto recíproco pueden acompañarse en cualquier posición y seguirse donde quiera que vayan. Pueden heredar toda la fortuna de Dios, su corazón. Yo atravesé vivencias miserables para descubrir esto y ahora insisto en este fundamento. Esto es sublime, elevado y no puede ser intercambiado por nada: esto es una gracia impresionante.

Por esta razón, yo estoy en la misma posición con Dios. Yo comparto la posición del amor verdadero. El mundo espiritual está en una dimensión diferente a la del limitado mundo terrenal. Nosotros no podemos movernos libremente en los confines mundanos, pero como el mundo espiritual es un lugar dimensional más elevado, se puede hacer cualquier cosa allí; se puede saltar a través del tiempo. Si se quiere algo basado en el amor, se puede tener en cualquier momento, en cualquier lugar.

Fuimos originalmente creados como seres eternos. Si llegamos a ser eternos de amor verdadero y vamos al mundo espiritual, seremos libres. El primer estándar de la vida es el del bien y el mal, el segundo es el punto de partida original y el tercero es la vida eterna.

CAPÍTULO DOS

LA FAMILIA ES EL MODELO PARA EL REINO DE LOS CIELOS.

Sección 1. La familia es el modelo central para todos los seres.

En el mundo del espacio son necesarios arriba y abajo, izquierda y derecha y delante y detrás. Sólo entonces vuestra posición es estable. Vuestra forma dependerá de dónde estéis situados: arriba o abajo, izquierda o derecha o delante o detrás. Cuando se trata con asuntos que conciernen arriba y abajo, izquierda y derecha y delante y detrás y también problemas de la familia, la nación y el mundo sólo hay una solución. Así como debe haber arriba y abajo, izquierda y derecha y delante y detrás, con el individuo en el centro debe haber también padres e hijos, marido y esposa y hermanos y hermanas.

Lo mismo se aplica en una nación. Con el líder de la nación en el centro todas las familias deben abrazar las civilizaciones del este y oeste y las del norte y sur y a toda la gente del mundo como sus hermanos y hermanas para finalmente establecer un modelo familiar. El modelo es el mismo para todos. Vosotros mismos sois el centro de ese modelo. Este modelo representa un principio que requiere que de vosotros surja una familia que luego se expanda a una nación, al mundo y que llega hasta Dios. No sólo deseáis ser el centro del universo, podéis serlo. De la misma manera, la familia es el centro del universo. Si piensas en el Cielo como los padres, la tierra es como los hijos. Considerando este y oeste, el hombre representa el este y la mujer el oeste. De esta manera, después de casarse, la mujer va al lugar del esposo esté donde esté. Esto es similar al oeste que refleja la luz solar que brilla en el este.

Lo mismo ocurre en la relación entre hermanos. Cuando un hermano mayor hace algo, los hermanos menores cooperan. De modo que cada persona debe estar en una relación padre-hijo, una relación conyugal y de hermanos. En otras palabras, esos tres tipos de relación deben encontrarse en un punto. El punto central es uno. El centro para arriba

y abajo, izquierda y derecha y delante y detrás no debería diferir. Si su centro es diferente las relaciones de arriba y abajo, izquierda y derecha y delante y detrás estarán en desequilibrio. La suma de arriba y abajo, izquierda y derecha y delante y detrás con el punto central es siete. Formar el número siete de esta manera significa ser una familia unida en el verdadero amor con Dios en el centro y donde todas las cosas forman una esfera completa que armoniza y une.

Siempre que el verdadero amor no cambie, este núcleo central girará eternamente inalterado, realizando el ideal de la verdadera familia. Como todo está conectado al punto central, cada una de las posicio-

nes, uno, dos, tres, cuatro, cinco, seis y siete tienen el mismo valor. Si el abuelo y sus hijos e hijas quieren algo y el nieto no se opone, las tres generaciones llegarán a querer lo mismo. Todos ellos, el abuelo y la abuela, el padre y la madre y el hijo y la hija siguen el centro. Decimos que la relación de padre e hijos, de los cónyuges y de los hermanos son uno en términos del amor. Son un solo cuerpo. ¿Alrededor de qué orbitan esas relaciones? Giran alrededor del verdadero amor de Dios que es el centro del amor. Padre e hijos, marido y esposa y hermano y hermana se unen basados en el verdadero amor. Así es como el valor de cada uno se equipara.

Sección 2. La familia es el libro de texto y el camino por el que podemos vincularnos al amor universal.

¿Qué es el universo? Todo en el mundo creado ha sido diseñado como una ayuda para que los hijos e hijas amados de Dios se entrenen para encontrar el amor ideal. Por eso existen relaciones recíprocas. Tanto los minerales como los átomos existen en relaciones recíprocas de sujeto y objeto. Sin reciprocidad no pueden continuar su existencia. No pueden existir perpetuamente sin una acción de dar y recibir. Por eso, el universo es un mundo creado de tal manera que se puede alcanzar su centro sólo mediante el ser humano.

¿Qué dije acerca del universo? Que es una extensión de la familia. Si veis una familia que ha realizado completamente el ideal del amor familiar, tiene una parte superior, una central y una inferior (padre, marido y esposa e hijos) derecha e izquierda, y frente y detrás. Éste es el principio. Cuando hablamos de arriba y abajo nos referimos a padres e hijos, si hablamos de derecha e izquierda nos referimos al marido y la esposa y cuando hablamos de frente y detrás nos referimos a los hermanos. ¿Cómo pueden todos ellos unirse? No pueden hacerlo con el poder, el conocimiento o el dinero. ¿Entonces cómo? Mediante el verdadero amor. Esto es una verdad absoluta. ¿Qué son entonces arriba, centro y abajo en la familia? Son un libro de texto del amor mediante la cual podemos encontrar el amor universal. Salid a la sociedad y practicadlo.

¿Cómo deberíamos amar? Jesús dijo: "Ama al prójimo como a ti mismo" ¿Cómo deberíamos practicar esta enseñanza? No estamos seguros. Cuando sales al mundo y te encuentras con una persona mayor, trátale como si fuera tu abuelo. Trata a la gente como si fuera tu madre, padre o hijos. Cuando salís al mundo deberíais vivir todos de ese modo. En la sala de exposiciones del mundo se exhibe gente de todos los tipos: de arriba y abajo, del centro, de izquierda y derecha y de delante y detrás. Deberíais saber que el mundo es una exposición de gente. Si amáis a cada uno con semejante amor, Dios estará en medio de ese amor.

¿Qué es el Reino de los Cielos? Es el lugar donde se ama a la gente del mundo como si fuera de la propia familia y la gente que hace eso es ciudadana del Reino de los Cielos. Vuestros abuelos, padres e hijos, esposa y hermanos y hermanas. ¿Qué son esas cuatro generaciones? Son el libro de texto mediante el que podéis experimentar profundamente el amor, el verdadero amor del universo como gente del Reino de los Cielos. La familia es el fundamento, es ese libro de texto que te enseña a amar. (12996, 1983.10.1).

No podemos vivir sin aprender el amor del universo. Dios ha preparado algo así como un libro de texto o escritura que contiene promesas que abiertamente nos dicen: "Ama a tu abuela y abuelo. Vuestros abuelos han sido enviados a la tierra como los representantes de los abuelos en el mundo espiritual. Por lo tanto, si los amáis lo tomaré como si hubierais amado a todos los abuelos".

Después Dios nos dice: "Puesto que vuestros padres y madres representan a los incontables padres y madres del mundo como un libro de texto o un modelo de amar, si los amáis al máximo lo tomaré como una condición de haber amado a todas las madres y padres. Además, si eres un hombre que representa a todos los hombres, ama a tu esposa que representa a todas las mujeres". Después nos dirá: "Tomaré el que hayáis amado a vuestros hijos como si hubierais amado a todo los hijos del mundo". Por lo tanto, la familia es la base donde entrenarse en el amor.

Es un proceso que nos entrena para amar al mundo en concordancia con las escrituras. Podemos preguntarles a los aprendices si van a salir al mundo y amarán a los abuelos y abuelas del mundo como si fueran los suyos propios y, si nos dicen que sí, el mundo estará salvado.

Sección 3. Un entrenamiento del amor para entrar en el Reino de los Cielos.

La voluntad de Dios es realizar el reino del amor. Si la voluntad de Dios es desarrollar y globalizar un mundo ideal de amor, la familia es la base experimental donde debemos ganarnos las credenciales, desde el certificado de la escuela primaria hasta las licenciaturas y doctorados. La familia se expande al mundo. Si observáis el mundo con cuidado, os daréis cuenta de que en él hay abuelos y abuelas, gente adulta que son tíos y tías, un lugar en donde hay gente como tus hermanos y hermanas, un mundo donde hay jóvenes y niños. De ese modo, el mundo donde existe gente mayor, gente de mediana edad, jóvenes y niños, es una extensión más amplia de la familia.

La familia es la unidad más pequeña en el centro de entrenamiento y también es el libro de texto para entrar en el Reino de los Cielos. Contiene todos los niveles: el nivel de los abuelos, el de los padres, el de los cónyuges y el de los hermanos. Esos niveles se extienden en grupos más amplios de abuelos y abuelas, padres y madres, de vuestros iguales y de vuestros hijos e hijas y juntos forman el mundo.

Sólo familias capaces de amar a todos los seres humanos como a sus esposos, padres y servirles como si fueran sus hijos o hijas pueden heredar el Reino de los Cielos. Esto es asombroso. Ahí radica el derecho a heredar todo poder y autoridad del cielo y de la tierra otorgado por Dios.

La familia es el libro de texto del amor con la que a la hora de la muerte recibís el derecho a ser registrados en el Palacio de Paz y el Reino de los Cielos. La familia es la base donde entrenarse en el amor. El mundo es la extensión de esa familia. El mundo se compone de mundos menores: el mundo de los abuelos, el de los padres, el de los cónyuges y el de los hijos. Cuando estos mundos menores se combinan, forman al mundo. Si, por lo tanto, amáis a la gente del mundo como amáis a vuestra familia y a Dios, se creará una autopista que conduce derecha al Reino de los Cielos. Por eso el primer mandamiento es: "Amarás al Señor tu Dios con todo tu corazón, con toda tu alma y con toda tu mente" y el segundo mandamiento es; "Amarás al prójimo como a ti mismo". Si amáis a Dios y a la humanidad todo será realizado. Si no lo logréis, el entrenamiento espiritual habrá sido en vano. Por muy excelente que sea la disciplina espiritual de una religión, si no enseña a amar a Dios, a la humanidad y a todo el universo no superará la prueba.

En la familia debéis experimentar profundamente el amor yendo por el curso oficial del centro de entrenamiento que encapsula al universo entero y, luego, extender ese amor al mundo. Esto lo habéis heredado de vuestra familia, donde crecisteis con vuestros padres y madres. Si amáis a vuestros padres más que a vuestro cónyuge, si amáis a vuestros hijos más que a vuestro cónyuge, si amáis más a la humanidad que a vuestro cónyuge, si amáis a Dios más que a vuestro cónyuge, todo se va a cumplir. Eso no significa que debéis abandonar a vuestro

cónyuge. Si amáis de esa manera, los recipientes de ese amor amarán a su vez a tu cónyuge. ¿Puede haber un lugar más glorioso que éste? Si queréis amar a vuestro cónyuge, seguid éste camino.

Sección 4. La familia es un modelo para el Reino de los Cielos.
¿Qué tipo de fortuna debería recibir una persona en la posición de hijo? Debería heredar la fortuna de los abuelos y de los padres. ¿Por qué necesitamos a los abuelos? Los necesitamos porque representan la historia viva del pasado. Los padres representan el presente y los hijos el futuro. Los hijos contienen este y oeste y también norte y sur. Son el centro del todo. El centro de los abuelos, de los padres y de los hijos y de Dios, todos esos centros se fundamentan en el verdadero amor.

Al amar y respetar a los abuelos se aprende y hereda el pasado. Aprendéis el presente de vuestros padres y, al amar a los hijos, aprendéis acerca del futuro. No podemos en absoluto heredar el futuro si no nos convertimos en una verdadera familia. Ver a esas tres generaciones es como ver al universo. El amor del universo reside en la verdadera familia que representa el pasado, el presente y el futuro.

Observando el reino animal veis a animales macho y hembra amándose, esto es un libro de texto del que aprendemos acerca del amor del universo. Nos sentimos inestables sin los abuelos. Sólo cuando ambos están juntos podemos ir derechos al Reino de los Cielos. Sólo cuando los abuelos, padres e hijos sin excepción están allí podemos ir todos al Reino de los Cielos.

Sólo los que hayan amado a los verdaderos abuelos, a los verdaderos padres, a los verdaderos hijos, a la verdadera familia, a la verdadera nación y al verdadero universo pueden entrar en el Reino de los Cielos. El modelo y el libro de texto para el Reino de los Cielos es la familia.

La familia es un tipo de material educacional procedente del cielo que nos enseña cómo establecer el Reino de los Cielos. Si alguien se encuentra con una persona de la edad de su abuelo en cualquier parte, si le ama como si fuera su propio abuelo, irá al Reino de los Cielos. La persona que es capaz de amar a quienquiera que se encuentre con la edad de sus padres y ama como si fueran sus padres, podrá viajar libremente a cualquier nación. No tendrá barreras ni siquiera cuando vaya al mundo espiritual. Si considera a toda la gente joven de todas las naciones como a sus hijos podrá viajar libremente al Reino de los Cielos a pesar de que existen doce direcciones y puertas de perlas.

En ese sentido la familia es un libro de texto que nos enseña cómo vincularnos al Reino de los Cielos. Si lo aplicáis a la nación os convertiréis en patriotas, si lo aplicáis al mundo seréis santos y, cuando lo practiquéis en el cielo y en la tierra, os convertiréis en hijos de Dios, a saber, en Sus hijos e hijas divinas. La gente aspira a eso.

Debéis abrazar a los hijos e hijas de todas las razas, así como a sus abuelos y abuelas. De esa manera podréis convertiros en los dueños de la familia y amar a la gente del mundo con verdadero amor como verdaderos padres. Representando así a la familia que practica el verdadero amor y que se vincula a los padres originales mediante el amor de Dios, podréis entrar finalmente en el Reino de los Cielos.

Sección 5. La familia reúne el amor de tres generaciones.

La familia abarca la historia, el presente y el futuro. El punto culminante que Dios ha buscado a lo largo de los seis mil años de historia es la familia, la familia interconectada y unida en amor. Todo lo que existe está bajo el dominio del verdadero amor. No podemos cortar nuestro nexo con esa fuente absoluta del amor. La misión original que Dios les dio a Adán y Eva en el tiempo de la Creación fue la de establecer semejante familia. Dios no quiso que ellos acabaran simplemente como un hombre (Adán) y una mujer (Eva). En cambio, Su sueño era que, mediante su unión, se formase una nueva familia. Es el primer punto de partida a establecer por el hombre y la mujer. Para poder entrar sobre seguro en el Reino de los Cielos debéis encontrar una verdadera familia que contenga en su ámbito el mundo, viviendo en un lugar donde estéis complacidos en el amor de Dios. Sólo entonces podréis ir más allá de este mundo.

Hay que ser incondicional para formar el ámbito de la familia de amor. Los padres representan el pasado, el marido y la esposa el presente y los hijos el futuro. Amar a tu pareja durante tu vida terrenal equivale a Dios amando al mundo. Es el lugar donde los padres, los cónyuges y los hijos ofrecen su amor en comunión como un ejemplo que representa el cielo y la tierra y les dicen a sus descendientes que sigan ese modelo. La tierra natal del corazón donde se ha hecho sentir el afecto celestial será recordada en el cielo y en la tierra.

¿Qué es lo que Dios ha estado buscando hasta la fecha de hoy? No ha estado buscando un sujeto sino un objeto ideal. Ha estado buscando a aquellos que se asemejan a Dios y poseen los aspectos internos y externos del mundo que Él creó. ¿Cuál es el punto de partida que lleva a semejante resultado? Es la familia. No hay nada que represente mejor al universo que la familia. Unirse con los padres hace que se encuentren el pasado, el presente y el futuro. En la familia podéis amar el pasado amando a vuestros padres, amar al presente amando a vuestra pareja y amar el futuro amando a los hijos. Así se puede experimentar profundamente el amor de tres generaciones. La familia es el lugar donde se conectan esos tres tipos de amor.

¿Dónde empieza la vida en el Reino de los Cielos? Es en la familia, no se desenvuelve en ningún otro lugar. El Reino de los Cielos es simplemente la extensión tridimensional de la familia y no algo que no atañe la familia. Al abrazar a vuestros esposos debéis imaginaros que esa es la unión de todos los hombres o mujeres del mundo. El lugar donde podéis cumplir la condición de haber amado a toda la humanidad no es otro que la familia. Deberíais vivir la vida de esa manera. Amar a vuestros padres es conectar a la historia con el presente y preparar el camino para que Dios vaya a vosotros. Es por eso que debéis amar a vuestros padres. Amar a vuestros padres es conectar a los seres humanos de la historia con vosotros como los contemporáneos, es decir, unir el pasado con el presente. Al amar a los hijos conectáis el presente con el futuro. Y la filosofía que practica y canta apreciando semejante amor por miles y decenas de miles de años es el Pensamiento de la Unificación.

Sección 6. La familia es la base para entrenar el corazón.

No podéis vivir separados del corazón, incluso si fueseis el presidente de una nación o tuvieseis autoridad mundial, no podríais vivir si no tuvieseis un lugar donde expresar de corazón vuestra alegría. No podríais sentir la satisfacción de la gente bajo vuestro mando, vuestros empleados o la gente que os sigue. Debéis sentirlo en vuestra familia. Al regresar al hogar debéis sentir alegría con vuestras esposas e hijos de tal manera que, frente a otros, os sintáis orgullosos de esa alegría. Es una alegría primordial, no secundaria. Lo mismo ocurre con Dios; incluso si restaurase el mundo entero, sin una familia no podría sentir alegría. Después de todo sí que necesitamos a nuestra familia.

Los padres deben ser los responsables de la familia y los educadores deberían ser los responsables del instituto educacional que representa la sociedad. Los padres os crían dándoos leche y asistiendo vuestro crecimiento físico tanto como ayudándoos emocionalmente. ¿Qué papel tiene entonces la escuela? Es el sitio donde os educan para vuestra vida futura en la sociedad. Si la familia es la base donde entrenar vuestras emociones, la escuela es la base donde entrenar vuestra futura vida social. Pero el entrenamiento no acaba en la sociedad. Acaba en la nación. La nación tiene un presidente. ¿Por qué los ciudadanos echan en falta a su presidente y quieren estar cerca de él? Al haberlo experimentado todo en la familia y en la sociedad quieren moverse al siguiente nivel. El presidente es el fruto de la tercera etapa después de las etapas de formación y crecimiento. Una semilla se divide, envía las raíces abajo, luego brota y, a través del movimiento circular, empieza a crecer. Después de dividirse se agrupa nuevamente para formar flores y frutos. Por eso los colegios preparan a la gente necesaria educando a la élite de talentos cualificados para servir a la nación. Los colegios sirven de entrenamiento, el entrenamiento no es la vida real sino una preparación. No deberíais prepararos erróneamente.

¿Qué es la familia? Es la base para entrenar el corazón. Es el lugar donde preparáis vuestro corazón para amar. Por eso debéis vivir con el afecto de hermanos y hermanas en el colegio y también en la nación. La educación de los padres y madres es necesaria tanto en el colegio como en la sociedad y en la nación. Los padres deberían pasarles todo a sus hijos en el ámbito del corazón. Deberían crear un fundamento de corazón para sus hijos adiestrándolos para que sigan sus pasos viviendo de una cierta manera en la familia, en la sociedad, en la nación y en el mundo.

Una familia no es necesariamente buena por tener una bonita casa y ambiente. Al contrario, por muy malas que sean las condiciones externas de vuestra familia o lo destartalada que sea vuestra casa, si en ella se respira paz y podéis vincular todas las cosas de vuestra vida, entonces es una buena familia. Una buena familia tiene el fundamento de corazón donde padres e hijos viven los unos por los otros. Es nuestra tierra natal original y la fuente de motivación para toda vida. En ese sentido se convierte en la base que determina nuestra felicidad en la vida.

Sección 7. La familia es nuestra tierra natal eterna y original.

La familia es un buen lugar. ¿Por qué es bueno? Es un buen lugar porque allí están mi padre y mi madre, porque allí están mis hermanos y hermanas mayores y menores y mis familiares. Por lo tanto, los seres humanos nos sentimos nostálgicos de nuestra tierra natal original, del lugar donde nacimos. Tenemos sentimientos más fuertes hacia nuestra tierra natal que hacia la nación. ¿Qué lugar añoráis a pesar de que amáis, os gusta y vivís en Corea? Es vuestra tierra natal. ¿Qué sitio es la tierra natal? Es el lugar donde vuestro corazón se llena en cuatro direcciones y en tres dimensiones. ¿Qué es ese corazón? Es el lugar donde estáis enlazados por el amor. Estáis vinculados hacia arriba con vuestros padres, de izquierda a derecha os vincula el lazo marital, hacia abajo los hijos y los familiares os vinculan en un amor tridimensional. Éste es el corazón de la tierra natal original.

La gente añora su tierra natal ya que, basado en el verdadero amor, ven al punto de partida de la felicidad como lo mejor. ¿Entonces cuál creéis es la tierra natal original de Dios en el planeta tierra? Debemos hacernos este tipo de preguntas. Si Dios es un Dios de amor, debe de haber preparado un punto de partida del amor para vivir en la tierra y la pregunta es: ¿dónde está ese punto de partida? Para saberlo debemos entender de qué manera Dios ha preparado ese punto de partida. ¿Qué lugar puede ser el punto de partida de la tierra natal original donde se puede crear la familia de Dios? No es otro lugar que aquel en el que habita un hijo que comprende que Dios es su verdadero padre. En otras palabras, es el lugar donde existe el hijo unigénito de Dios que puede monopolizar el amor de Dios. También es el lugar donde una hija así habita. Es el lugar donde semejantes hijo e hija se casan y forman una familia completa.

¿Quién debería estar en la tierra natal original? Aquellos a los que echáis en falta. Vuestros padres y hermanos deberían estar allí. Al convivir con ellos no debéis nunca cansaros de su compañía, no sólo por un momento sino por toda la eternidad. Debéis buscar semejante lugar. Ese es el Reino de los Cielos que las religiones persiguen.

La razón por la que hoy en día añoramos a la tierra natal original es porque allí se encuentran nuestros padres, hermanos y familiares, que son la gente más cercana a nosotros. Siempre nos guían, nos dan la bienvenida cuando les visitamos como lo hicieron en el pasado, simpatizan con nosotros, nos consuelan y nos reciben con alegría cuando tenemos dificultades. Sin esta bienvenida, aunque anhelarais vuestra tierra natal original y volvierais, el deseo desesperado de vuestro corazón desaparecería y os iríais con un sentimiento de profundo pesar. Debéis saberlo. En la tierra natal original debe haber gente que os dé la bienvenida.

Sección 8. La familia es el estándar final para completar la ideología centrada en el cosmos.

Todo se divide desde una unidad a muchos, que finalmente se funden en un todo mayor. En otras palabras, nos dividimos en muchas partes para volver a unirnos. Luego vuelve a dividirse para formar parte de algo aún mayor y este proceso se repite. Las familias existen en estos objetos más amplios. Todas esas familias tienen la misma forma. La familia es el lugar donde se establece la relación de marido y esposa y donde se unen. La tribu es el lugar que une a las familias y la etnia el lugar donde se unen los clanes. Las etnias se combinan para formar una nación. Con todo, es la familia quien desempeña el papel central.

El mundo horizontal se forma al expandirse la familia. Por esa razón no hay sociedad que no pueda funcionar sin la familia. Si no se puede restaurar la familia, no se puede restaurar el mundo. Después debemos darnos cuenta del ideal centrado en el cosmos mediante esas familias. La palabra cosmos combina el cielo y la tierra. El cielo y la tierra son como la mente y el cuerpo de una persona. La mente y el cuerpo deben unirse. Así como un sujeto necesita un objeto, un hombre necesita a una mujer. La unión de un hombre y de una mujer crea una familia. El fundamento del amor de Dios no se logrará sin trabajar mediante esta familia.

La ideología centrada en el cosmos es la filosofía que une la mente y el cuerpo formando una familia como la unidad básica del amor y que conecta esa idea al mundo espiritual y al mundo físico. El carácter yu de cheon yu (cosmos) significa casa. Por eso usamos la palabra ideología centrada en el cosmos. El cosmos combina al mundo espiritual y al mundo físico. ¿Cuál es su relación con nosotros? Necesitamos una familia. Si no lográis uniros en familia no tenéis nada que ver con la ideología centrada en el cosmos. La familia sirve como el estándar final para la ideología centrada en el cosmos. Los que no puedan cantar canciones de paz e himnos de alabanza a la felicidad en este lugar serán gente miserable aquí o en el mundo espiritual.

¿Desde dónde se realiza el Reino de los Cielos? Se realiza desde nuestras familias. ¿Qué ideología tenemos? Es una ideología centrada en la familia. La palabra ideología centrada en el cosmos contiene cheon, que significa cielo, y yu, que significa casa; significa, por tanto, la ideología de la casa o la morada del cielo. Sólo así se aclara el significado de la palabra cosmos. Los sesenta y seis libros de la Biblia están llenos de palabras que anhelan una familia ideal. ¿Y qué anhelan todos los hombres? Una mujer ideal. También el deseo mayor de una mujer es encontrar a un hombre ideal. Por orgullosa que sea una mujer con un doctorado frente al mundo, su deseo es encontrar a su hombre ideal, un hombre ideal al que pueda amar y con el que pueda tener a sus amados hijos e hijas. Esta es la raíz de la felicidad. El ideal de la Iglesia de la Unificación no es sino éste. El comienzo y el final son la familia.

¿Qué tipo de ideología es la ideología centrada en el cosmos? Es la ideología centrada en los padres. Ambas ideologías defienden a los padres. Es la ideología de nuestro hogar, de nuestra nación y la del individuo. ¿Si los seres humanos no hubieran caído, cuál sería la ideología que regiría el mundo? Sería la ideología de Adán. Esa ideología no es otra que el camino de los Verdaderos Padres. Es la ideología del padre y de la madre. No puede haber una ideología más elevada que ésta. De ahí que la Iglesia de la Unificación debe unir los asuntos del corazón con la ideología celestial mediante el camino de los Verdaderos Padres dentro de los límites de la familia ideal original. Mientras haya familias que han interiorizado semejante ideología, la Iglesia de la Unificación no perecerá.

CAPÍTULO TRES

NUESTRO CURSO DE VIDA CENTRADO EN EL AMOR

Sección 1. ¿Para qué nacen los seres humanos?

Si hacemos la pregunta: ¿qué viene primero, la vida o el amor?, podemos afirmar que cualquiera de ellos viene primero. ¿Pero cuál creéis que de verdad viene primero? Es el amor. Relacionándolo con el núcleo del universo para que algo tenga valor debe haber un flujo original de amor.

Cuando examinamos de dónde viene la vida debemos preguntarnos: ¿qué vino primero, la vida o el amor? Hasta ahora no hemos podido discernirlo con claridad. El amor es primero, luego viene la vida. Porque lo que viene en segundo lugar debe rendirse mansamente a lo que viene primero. Es natural que demos nuestra vida por amor. Así son las cosas. Esto nos ofrece una respuesta a cuál debe ser el proceder verdadero de nuestra vida. Ya que la vida nace en amor la conclusión es que debemos recorrer el camino del amor y morir por amor.

El propósito de la vida humana es encontrar el amor que el macrocosmos, no el microcosmos, puede recibir. Es nacer, amar y morir en medio del gran amor universal que Dios, la creación, nuestros padres y el mundo angélico pueden reconocer. Así lo veo yo.

Los seres humanos no han nacido por su propio deseo. ¿Han nacido entonces por deseo de sus padres? No, su nacimiento se debe al deseo de Dios. Nacen por medio del amor de sus padres que representa el amor de Dios, la persona que nace como una nueva vida mediante el amor paternal que representa el amor de Dios, soy yo.

El amor tiene el poder de crearlo todo. Yo soy ni más ni menos que aquel que nace como el centro del universo entero. El propósito más elevado de la vida es nacer por amor, crecer en el amor, vivir por amor y dejar el amor en herencia. Realizar en la familia las normas del amor que son el centro del universo es lo más valioso que podemos hacer.

Debéis entender por qué nacen los seres humanos. No nacen por el bien del conocimiento o del poder político. Nacemos del amor y debido al amor. ¿Qué hace que el amor sea tan sublime? Se debe al hecho que el amor es la fuente original la vida. Nacisteis en medio del amor de vuestros padres.

No nacisteis de vuestros padres por el deseo del dinero o del conocimiento. Ya que nacisteis en el amor debéis dar fruto en el amor. Por eso necesitáis tener hijos. Un marido y una esposa se completan cuando se unen y tienen hijos e hijas como sus objetos.

Los seres humanos no pueden vivir separados del amor. Por eso el yo vive sobre el fundamento del amor. Todas las cosas se originan en el amor de Dios. La existencia de todas las cosas comenzó basada en el amor, de modo que es innegable que los seres humanos, que fueron creados como el centro del universo, también deben empezar en el amor.

Como el ser humano empieza en el amor y madura mediante el amor, no puede vivir separado del estándar del amor.

Sección 2. La vida en su forma original.

¿Cuál creéis es la causa de la existencia humana? Es el amor. ¿Dónde radica pues el propósito de la vida humana? El propósito de la vida humana radica en completar el ideal del amor. Los seres humanos llegaron a existir mediante el amor y, por tanto, su propósito es perfeccionar el amor formando un fundamento al expandirlo y conectarlo.

En otras palabras, ya que el principio del amor es el propósito, éste también debe lograrse mediante el amor. Para hacerlo, un hombre y una mujer deben unirse en amor como compañeros y conectar delante y detrás, izquierda y derecha y arriba y abajo.

Por muy firmemente que nos hayamos determinado a ser un ser absoluto y establecer un propósito absoluto será inútil si no somos felices. Debemos ser felices en nuestra vida diaria.

Vivimos por el bien del propósito. Cuando alcancemos el propósito existirá algo mayor que la propia existencia. ¿De qué se trata? ¿Qué es lo más valioso para hombres y mujeres? Es el amor. El amor es el elemento necesario para experimentar la felicidad. Por muy noble que sea el propósito de una persona, si no logra establecer un amor que pueda supervisar ese propósito tendrá que buscar otro propósito. El propósito no puede estar por encima del amor.

Nacemos y crecemos en el amor. Después dejamos el amor de los padres para encontrarnos y conectarnos al amor de una pareja, que es otra dimensión de amor. Podemos llamar al amor paternal la etapa de formación del amor y al amor conyugal la etapa de crecimiento del amor. Por muy enamorada que esté una pareja, no puede completar su amor hasta que no tengan hijos. Esta es la etapa de cumplimiento del amor. Por eso pasar el proceso del amor paternal, el amor conyugal y el amor de hijos es el núcleo central de la vida humana y el camino original del ideal de amor Dios a la hora de crear.

La vida nace del amor. Nacemos del amor, crecemos en el amor que nos dan nuestros padres, encontramos un amado esposo y lo amamos y morimos en ese amor, eso es la vida humana. Originalmente no debería existir dolor ni pena en la vida humana.

Originalmente, el punto central del universo es el lugar donde todas las combinaciones verticales y horizontales de amor se aúnan como amor paternal, conyugal y filial. Este llega a ser el punto central en el que el universo entero converge y hacia donde se orientan todas las direcciones de las células en el universo. Todos los espíritus del mundo espiritual se centran en ese punto. Es más, protegerán ese lugar para que nadie lo invada. Si se destruye ese lugar será catastrófico. Para que permanezca intacto se requiere cierta forma. En la Iglesia de la Unificación a esta forma se la llama la base de cuatro posiciones.

Sección 3. El elemento eterno para los seres humanos es el amor.

No debéis olvidar que cuando fuisteis un embrión no solamente recibisteis de vuestra madre nutrición, sino también vida. De manera similar, la gente que vive en la tierra no sólo recibe alimentos físicos, sino también el amor de Dios, que es el elemento esencial de vida.

Así como las plantas absorben la luz solar como elemento de vida, el amor es un elemento de vida para los seres humanos. Nuestra esperanza es que se construya el Reino de los Cielos en la tierra y en el Cielo, donde podemos vivir eternamente en amor y en devoción.

El camino que tanto hombres como mujeres recorren existe gracias al amor y por el bien del amor. Mi camino es el camino del amor.

Me muevo para alcanzar el amor, mantenerlo y para formar un ambiente de amor. También las mujeres usan cosméticos y van a darse masajes por el bien del amor. Desear algo y hacer cosas se hace por el bien del amor. Superamos dificultades y nos movemos para poder obtener un amor precioso.

Desde el momento en el que nacemos recibimos el amor de nuestros padres. Mientras ellos están vivos nos aman en cualquier fase de nuestra vida, sea en el periodo de niñez o en la adolescencia. Cuando crecemos recibiendo amor paternal surgirá el amor horizontal de marido y mujer.

¿Qué creéis que es el matrimonio? Es una escuela donde los hombres entran a conocer algo de las mujeres que no sabían y donde las mujeres entrar a conocer algo que no sabían de los hombres. Todo lo que hacen es para complacerse uno a otro. Tenéis hijos e hijas para poder dar amor al mundo. Sin ellos no podéis conectaros al futuro.

Los hijos os son dados como material educacional que os permite conectaros con el mundo futuro. Cumplir vuestros deberes filiales a los antepasados, abuelos o abuelas es como recibir educación del mundo espiritual. Todo eso se vincula mediante el amor. Los abuelos, padres e hijos se conectan mediante el amor.

Así como la sangre fluye de arriba a abajo por los vasos sanguíneos en el cuerpo humano, hay un sistema por el que podéis ir y venir hasta alcanzar los 10 millones de generaciones en el mundo espiritual y también alcanzar a vuestros descendientes lejanos a través de ella. Debéis saber que el universo y el mundo espiritual están organizados de esta manera. Todo será gobernado de esta manera. Podemos decir que llegar a ser un siervo o un esclavo del amor es la mayor felicidad.

Sección 4. ¿Qué es el amor de Dios?

Intentad descubrir el amor de Dios. ¿Cómo podemos caracterizarlo? Se puede comparar a un día caluroso de primavera en el que nubes blancas flotan suavemente en el firmamento, el calor sube del suelo, los insectos vuelan en el aire, las hormigas entran y salen para ver el mundo, los sauces crecen junto a un arroyo, las ranas cantan nuevas canciones de primavera, las abejas abundan y las mariposas revolotean. En semejante ambiente te sientes intoxicado y adormecido, pero en realidad estás despierto y te sientes tan bien que te gustaría permanecer así para siempre.

Cuando Dios encuentra su objeto ideal se siente de la misma manera, como si estuviese en un maravilloso jardín de flores donde mariposas y abejas vuelan libremente. ¿Os sentís bien o mal si os lo imagináis? Puede que gente insensible no se dé cuenta, pero se siente bien.

Cuando corréis a encontraros con alguien que os agrada le estrecháis la mano. Cuando alguien os dice: "¡Cuánto tiempo sin verte!" y os coge firmemente de la mano, ¿os sentís bien o mal? Cuando os alegráis de ver a alguien ¿le agarráis fuertemente sus manos o no? ¿Os gusta cuando alguien os coge la mano fuertemente? Querríais que os gustara pero a lo mejor en realidad no os gusta. Para que algo os guste debéis conocerlo, ¿si no lo conocéis cómo puede gustaros?

¡Sed honestos! Si vuestro marido os quiere no necesitáis nada más. Os agarráis firmemente a vuestros esposos. Es siempre una escena maravillosa ver a un marido y a una esposa cogerse firmemente de la mano, especialmente si la mano del marido es tan ruda como la pezuña de una vaca. Nos encanta ver estas escenas en las películas. Si la mujer le dice al hombre: "Qué manos más bonitas tienes", el hombre se ofenderá. Así son las cosas. El amor es eterno. El amor es unir y no dividir. El amor os une. Cuando un hombre y una mujer se hacen una pareja están unidos. Por supuesto, no ocurre literalmente, pero en su corazón logran un nivel incluso superior a éste. Así es el amor de Dios. Pensadlo bien, estáis destinados a uniros.

Sección 5. La bendición de Dios nos permite heredar el amor y la alegría.

Cuando Dios asuma un cuerpo físico amanecerá un nuevo y glorioso día. El momento de amar a sus nietos será más glorioso que cuando amaba a Sus hijos. ¿Cómo pensáis que Dios expresó Su alegría a Adán tras crearlo? Dios quiso enseñarle a Adán la alegría paternal pero eso sólo se puede aprender cuando se tienen hijos propios. Los hijos no saben qué es el amor paternal hasta que no tengan sus propios bebés y formen una familia. Al criar a sus propios hijos es cuando entienden por fin cuánto les han amado sus padres. Por esa razón el día en que tu hijo tome una esposa será un día de gloria y el día en el que tu hijo tenga un hijo será otro día de gloria.

Debéis conocer el amor de Dios. Debéis experimentar el amor de vuestros padres y aprender a servirles. Debéis experimentar el amor conyugal y aprender a servirle. Debéis conocer el amor de vuestros hijos. No os limitéis a darles órdenes, aprended también a entender y a servir a vuestros hijos. Sólo así comprenderéis el amor de Dios. Sin hijos permanecéis en un estado incompleto, sin entender el amor de Dios. No podéis entender cuánto Dios ama a los seres humanos, Sus hijos. Del mismo modo, no podéis entender a una esposa o esposo sin tenerlos. Los hijos no saben qué es el amor paternal hasta que no sean padres ellos mismos. No podéis ser verdaderos padres sin tener hijos.

Los padres anhelan que sus hijos se casen porque quieren darles la herencia del amor paternal y enseñarles acerca del mismo. Al morir los padres dejan su verdadero yo con sus descendientes, por eso necesitan descendientes. El amor continúa eternamente. Ya que el amor es el deseo mayor de los seres humanos, todo el mundo quiere recibirlo con los brazos abiertos. Cuando los padres legan su amor a los descendientes, pueden presentarse con orgullo frente a Dios en el mundo espiritual. El amor se completa mediante la familia. Ir al Reino de los Cielos en la familia significa que se ha creado la esfera de unidad de amor.

La gente debería seguir este principio. Las semillas se plantan en la primavera, durante el verano las plantas crecen completamente y en otoño se recogen sus frutos. Durante el invierno deberíais arreglar vuestras cosas y llevar la esencia de la nueva semilla en vuestros corazones. Sólo así tendréis nuevas semillas que plantar en la siguiente primavera. Esto significa que en el futuro debéis convertiros en padres y educar a vuestros propios hijos.

¿Por qué la gente se siente triste si no tiene hijos? Se sienten tristes porque no pueden formar un círculo. Cuando veis a pájaros alimentando a sus crías podéis reconocer el amor profundo de la madre. En occidente puede que no se sepa, pero en oriente gustan más los niños que los adultos. La gente muestra un respeto por los adultos pero muestra un amor supremo por sus hijos. Podéis daros cuenta de lo que vuestros padres os han amando cuando tengáis vuestros propios hijos.

Todo el mundo debería casarse, tener hijos y cuidarlos para conocer el amor filial y paternal. Parece ser que la gente occidental no es así. Hay muchos que evitan tener hijos y educarlos. Dudan en tener hijos porque éstos pueden limitar su libertad de casarse y divorciarse. Pero cuando la gente no establece el fundamento de cuatro posiciones no pueden ir al Reino de los Cielos porque no han conocido el corazón de Dios de amar a la gente.

Sección 6. Los seres humanos buscan el centro del amor.

Los seres humanos nacen en amor, crecen en amor paternal y maduran mientras amplían el amor horizontalmente. El amor horizontal completa la primera etapa, cuando un hombre y una mujer se encuentran y crecen juntos en un estado donde representan el amor del cielo

y de la tierra y tienen hijos como fruto de ese amor. Los hijos nacen del núcleo del corazón como resultado del amor.

El hijo que nace de un hombre y una mujer que comparten amor basado en el corazón crea un camino al centro del amor. Este centro le llevará directamente a Dios. Al tener hijos, la humanidad puede experimentar el profundo amor que Dios tuvo al crear todas las cosas y los seres humanos. Al amar a sus hijos pueden experimentar profundamente el amor que han recibido de sus padres y sabrán qué es el corazón paternal. El amor que los padres dan a sus hijos no es materialista sino intrínseco.

El amor que los padres dan a sus hijos no cambia por mucho que cambien el cielo y la tierra o la historia. Al convertiros en padres y amar a vuestros hijos llegaréis a entender y experimentar cómo Dios ha estado amando a los seres humanos. Al convertiros en padres y amar a vuestros hijos llegaréis a sentir y daros cuenta de lo mucho que vuestros padres os han amado.

Por eso honramos aún más a nuestros padres entrados en edad y cumplimos nuestro deber de hijo y de piedad filial con amor. Si no cumplís esas responsabilidades no estáis cualificados para ser padres y el amor a vuestros hijos sólo puede ser considerado hipócrita.

Los seres humanos debemos sentir y darnos cuenta de lo mucho que Dios nos ha estado amando al llegar a ser padres nosotros mismos y amar a nuestros hijos y amar a Dios con más sinceridad. Una persona debe amar más a sus padres de lo que ama a sus hijos y amar más a Dios de lo que ama a sus padres, sabiendo que este es el orden y esta es la ley del amor.

Puesto que el cielo y la tierra tienen una forma esférica, comparten el amor horizontal y orbitan, formando un círculo en el primer nivel. Cuando toman una pareja del sexo opuesto y comparten el amor vienen hijos como los frutos y llegan a ser padres. Cuando se aman y orbitan se produce un amor vertical a continuación del amor horizontal. Esto forma el mundo esférico y, al mismo tiempo, establece el centro del amor.

El centro de amor que surge del movimiento creado por esas relaciones es también el núcleo de la existencia de todo el mundo de la creación. La tierra también existe por estar girando constantemente alrededor del centro de amor. El centro de amor es donde se reúnen las fuerzas infinitas que hacen posible el movimiento perpetuo. El centro que aparece mediante las esferas del amor es también el lugar donde Dios mora.

Por ello, todo en la creación existe y nace mediante el amor de Dios y se mueve en búsqueda de ese centro del amor de Dios. Dios es un horno de amor.

Sección 7. Nuestra vida pasa por tres etapas.

Los seres humanos nacen después de formarse en el vientre de su madre. Viven en la tierra por un tiempo limitado y luego mueren. Antes de nacer el feto pasa 9 meses en el vientre de su madre, donde tiene una libertad limitada. Crece al recibir alimento mediante el cordón umbilical. Abre y cierra sus manos y su boca y mueve sus pies. No puede hacer más. Sin embargo para el feto el vientre de su madre es todo su mundo, es un mundo de libertad. Después de nueve meses el feto nace al mundo terrenal, a la sociedad humana. (La familia bendecida 1071- 1984.4.24).

¿Para qué nacen los seres humanos? Nacen por el bien del amor. Por esta razón se basan en un amor paternal verdadero y crecen en el vientre de su madre, que es un seno de protección y de amor maternal. Los hijos crecen hacia la madurez amparados por el amor paternal que digiere todas las dificultades con alegría y sin quejarse. Al llegar a la madurez, a la edad de aproximadamente 20 años, deberían encontrarse con su pareja eterna de amor y ser injertados en el amor celestial en el que viven enteramente por el bien de cada uno. Al seguir este curso de la vida, esta nueva pareja debería tener sus propios hijos y amarlos. Sólo cuando experimentan en profundidad el amor de Dios puede completarse la esfera sustancial del amor de Dios del objeto.

La vida humana puede compararse a la vida de un feto en el vientre materno. Vivimos unos 100 años en el vientre de la madre universal.

Así como un feto no sabe del mundo exterior fuera del vientre materno, hoy por hoy la gente que vive en el mundo físico no sabe de la realidad del mundo espiritual que les espera después de la muerte. Esto da pie a aventurar una conjetura. Se tiene una idea vaga de que, así como el feto no sabe del mundo humano que le espera mientras está en el vientre materno, debe existir también un mundo después de la muerte. Sea cual sea el sentimiento o convencimiento de la gente acerca del mundo post mortem, el mundo espiritual realmente existe. Como el mundo después de la muerte no puede ser percibido por nuestros cinco sentidos físicos debemos superar lo increíble con fe religiosa.

La gente pasa por tres fases en su vida. El mundo animal también tiene la fase del agua, la de la tierra y la del aire. Todo debe pasar por tres fases.

Para que los seres humanos puedan ser los señores de la creación y estar cualificados para regir sobre ella deben ser una forma de vida completa, más completa que cualquier otra criatura en la fase del agua y la vida allí. Luego deben ser existir en la fase de la tierra y allí también ser los más elevados de entre las criaturas terrestres. Luego viene la fase del aire. Pero los seres humanos no tenemos alas. ¿Cómo podemos volar sin alas? Debemos ser capaces de volar más veloces y más altos que cualquier pájaro o insecto. ¿Qué debemos hacer? Esto no puede ocurrir mientras estamos en el cuerpo físico, por muy lejos que saltemos no podemos cubrir mucha distancia. No obstante, ya que el ser humano es el señor de la creación, tiene dominio sobre la creación y, ya que estamos en una relación recíproca con Dios, un ser espiritual, su área de operaciones debe ser la misma que la de Dios. Los seres humanos podemos viajar más rápido que la luz, que viaja a 300.000 kilómetros por segundo. Esto no se logra sino con el espíritu.

Vivimos en este mundo pero no es todo. Existe el mundo espiritual. ¿Entonces a dónde iremos y dónde viviremos? Al eterno mundo espiritual lleno del aire de amor. Nuestra vida física es un tiempo de preparación para el mundo eterno del espíritu.

Sección 8. La vida terrenal es un entrenamiento para estar en sintonía con el mundo espiritual.

Mis experiencias espirituales son intensas. El mundo espiritual es un lugar arropado en el elemento del amor. En la tierra respiramos aire pero en el mundo espiritual la gente inhala amor. En el mundo espiritual no se intercambia amor secular humano, sino amor verdadero.

Cuando vayáis al mundo espiritual os daréis cuenta de que los que han amado plenamente a sus padres, hermanos, esposos e hijos, -es decir, los que han experimentado un amor profundo en su vida familiar- disfrutarán de una gran libertad. Pueden ir a cualquier sitio sin restricciones. Y, al contrario, los que van allí sin experiencia de amor son estrechos de mente, estarán aislados y solitarios, sin ninguna libertad. El amor entre padres e hijos es un amor vertical, el amor entre marido y esposa es horizontal, y el amor entre hermanos y hermanos es un amor que da vueltas y rodea. Esas tres relaciones se diferencian unas de otras. Por eso, sólo cuando experimentáis esas tres interacciones distintas en la tierra, podréis circular libremente vertical, horizontal y circularmente. Los que no han probado el amor paternal debido a que sus padres murieron pronto están en una situación más bien trágica porque les falta una experiencia importante del amor. De manera similar, los que no han experimentado el amor conyugal o el amor familiar serán personas pobres en el mundo espiritual, ya que les falta una experiencia crucial en la vida. También los que no tienen hermanos y hermanas estarán en una mala situación por faltarles esa experiencia.

La razón de amarse es la de poder experimentar profundamente el amor paternal, conyugal y filial. Necesitamos esas experiencias porque el mundo espiritual está lleno de esos amores. Necesitáis una familia para así poder estar en consonancia con el mundo espiritual. Los que van al mundo espiritual sin esas experiencias de amor no pueden seguir su ritmo. Serán como alguien sin nariz para inhalar semejante amor.

Habéis nacido de vuestros padres y madres. Aún más fundamental es que habéis nacido de Dios, que ha tomado prestado el vientre de vuestra madre. Encontráis a verdaderos padres mediante los padres universales y vuestros padres físicos. Los padres físicos son temporales, de modo que el momento de vuestra muerte será un tiempo de júbilo porque podréis encontrar a vuestros Padres Verdaderos. El verdadero amor de los verdaderos padres se encuentra allí. Ese es el Reino de los Cielos, donde la atmósfera se compone de amor y está llena de

amor paternal. No es un amor para mí sino que es un amor que se alinea con la ley unilateral bajo el principio del servicio y el sacrificio. De acuerdo a este principio debéis amar al universo y a la humanidad. Vuestra vida en la tierra es la base para desarrollar semejante amor.

¿Sabéis lo importante que es vuestra vida en la tierra? Sólo la vivís una vez. Es un instante corto que sólo viene una vez. Comparada con la vida eterna, la vida terrenal no es más que un punto. En demasiado breve y, sin embargo, en ese breve instante debemos ir más allá de nuestra vida terrenal y prepararnos para el mundo espiritual.

CAPÍTULO CUATRO

EL AMOR DEL HOMBRE Y DE LA MUJER EN LA CREACIÓN ORIGINAL

Sección 1. El amor original del hombre y de la mujer.

Cuando un hombre y una mujer se aman la cuestión es si su amor está en concordancia con la voluntad de Dios y con el estándar que Él requiere. ¿Está su amor en sintonía con el modelo del amor en la mente de Dios? Llegamos a la conclusión de que si el primer hombre y la primera mujer se hubieran unido basados en el amor de Dios, ese amor hubiera llegado a ser el modelo universal del amor. Dios debe haber deseado tal amor para los seres humanos. Del mismo modo, el hombre y la mujer deben haber querido este amor para ellos. Un amor así debe ser el núcleo del universo y convertirse en el estándar de medición.

El amor de Dios y el amor humano son iguales en esencia. El amor es la fuerza que une. ¿Por qué se desean el hombre y la mujer? Es porque un hombre sólo puede poseer a Dios mediante una mujer y una mujer mediante un hombre. Es así porque Dios mora allí donde un hombre y una mujer se han unido en amor.

Considerando que Dios es la fuente de las características duales, debemos simultáneamente alabar el valor noble de Dios y la dignidad y el valor del hombre y de la mujer.

Cuando una mujer amada por Dios vive en el corazón de un hombre y el hombre amado por Dios en el de una mujer, los dos llegan a ser Su objeto y, al amarse el uno al otro, Dios estará deleitado al ver ese amor y todas las cosas se regocijarán. El cielo y la tierra se alegrarán al ver abrazarse a un hombre y una mujer con semejante amor. El universo se une allí donde un hombre y una mujer se abrazan en mutuo cariño. Así es como se manifiesta la imagen original en el ideal de Dios.

Originariamente el hombre debería encontrarse con la mujer con la que siente alegría y la mujer debería encontrarse con el hombre que le dé alegría. Aún más, debería ser un encuentro del que Dios y todas las cosas se regocijen también. Toda la creación será movilizada para esta pareja y querrá ser regida por ella. Los pájaros cantarán y las mariposas batirán sus alas bailando de alegría. Dios, la gente y todo se regocijará. Si los primeros antepasados hubieran iniciado la historia estableciendo eso como una realidad, el mundo sería el mundo original e ideal.

Sección 2. La razón por la que han nacido el hombre y la mujer.

¿Cuál es el propósito original del nacimiento de un hombre? No se puede negar que un hombre nace por el bien de una mujer. Asimismo una mujer no nace por el bien de sí misma. Debemos saber que surgirá un problema si una mujer no entiende por sí misma que ha nacido por el bien de un hombre. Ya que Dios, el gran dueño del cielo y de la tierra, ha establecido esto como un principio de la creación, no podemos entrar al mundo de la bondad, de la verdad, de la felicidad y de la paz o al mundo del amor y el ideal a no ser que sigamos este principio.

Una mujer ha nacido para encontrarse con un hombre y un hombre ha nacido para encontrarse con una mujer, ¿no es así? Esta es la verdad más elevada. Debemos, por tanto, encontrar el ámbito de la bendición que se conforma a este principio. Desviarse de este ámbito sublime constituye el mal más elevado.

El hombre y la mujer son físicamente opuestos. Mientras las mujeres les gustan seguir una dirección, a los hombres les gusta seguir distintas direcciones. Las mujeres suelen disfrutar más quedándose en casa y los hombres suelen disfrutar más viajando por el mundo. Los caracteres de los hombres y de las mujeres son opuestos. ¿Entonces, cómo pueden unirse? Mediante el amor. El amor une a los seres humanos y a Dios.

¿Para qué ha nacido el hombre? No ha nacido por el bien de logros académicos, de ganar dinero o poder político. Ha nacido por el bien de una mujer. Los hombres son más grandes físicamente no para ganar dinero para sí mismos, sino para ganarse la vida para su esposa e hijos. Los órganos sexuales de los hombres y de las mujeres son diferentes. ¿Para quién existen? No para su propio beneficio. El órgano sexual del hombre llegó a existir por el bien de una mujer y de la misma manera, el órgano sexual de la mujer es para el bien de un hombre. ¿Lo habíais pensado alguna vez? No es algo de lo que reírse y luego olvidarse.

¿Cuál es el símbolo del amor del hombre y de la mujer? ¿Cuál es el destino final del amor? El órgano sexual les hace una sola carne. El órgano sexual se convierte en un canal mediante la cual la mente y el cuerpo se funden completamente a través del amor. Lo que el hombre tiene no es suyo y lo que tiene la mujer no es suyo. El hombre tiene lo que le pertenece a la mujer y la mujer lo que le pertenece al hombre. El hombre y la mujer no han nacido para sí mismos. Deben saber claramente que han nacido por el bien de su pareja.

¿Para qué han nacido los hombres y las mujeres en la tierra? Nacieron para amarse los unos a los otros. Ya que Dios es el gran Rey de la sabiduría, ha cambiado los dueños de los órganos sexuales. Aunque el hombre tiene su órgano sexual no significa que él sea el dueño, lo mismo vale para la mujer. Los que han sido descuidados sin tener en cuenta el verdadero dueño de su órgano sexual serán juzgados. Si los hombres supieran que recibirán castigo bajo la ley más temible, ¿podrían pensar en otras mujeres aparte de sus esposas, y a la inversa, las mujeres podrían pensar en otros hombres que no sean su marido?

Sección 4. El amor proviene de nuestro compañero.

El amor es algo que necesitáis, ¿esto es así, no es cierto? Los seres humanos, hombres y mujeres, son absolutamente necesarios para el amor. El hombre necesita a la mujer y la mujer al hombre. ¿Cuánto se necesitan? Se necesitan el uno al otro más que lo que necesitan a Corea, al mundo o incluso a Dios. Si no hubiera mujeres la raza humana en su totalidad perecería en menos de cien años. Por mucho que los hombres presumen de unir al mundo todo se acabaría en menos de cien años si no hubiera mujeres. Las mujeres son, por lo tanto, absolutamente necesarias.

Al decir "seres humanos" nos referimos a hombres y mujeres. Cuando vemos a un hombre debe estar con una mujer y una mujer con un hombre. Ni el hombre ni la mujer nacieron por su propio deseo. Ambos se necesitan. Después de nacer se dan cuenta de que ni son un hombre ni una mujer.

¿Cuando nacisteis como un hombre, sabíais que existían las mujeres? ¿Si naciera un hombre y descubriera que sólo existen hombres no se sentiría mal? ¿Si naciera una mujer para descubrir que sólo hay mujeres, no se sentiría mal? ¿Entonces, cuando nace una mujer sabe que existen hombres? A pesar de que cuando nací yo no lo sabía, el que me dio nacimiento lo sabía. La razón por la que nace una mujer es que hay un hombre que la necesita. De la misma manera, la razón por la que yo nací como hombre es porque hay una mujer que me necesita, ¿no es así?

El hombre necesita a la mujer. El hombre necesita absolutamente a Dios, pero antes necesita a una compañera llamada mujer. La historia humana ha sido miserable porque los hombres no han entendido la necesidad absoluta de las mujeres, y a la inversa, las mujeres no han entendido que necesitan absolutamente a los hombres.

Probar el verdadero amor requiere de un ámbito ideal y para ello el hombre necesita a la mujer y la mujer al hombre. Debéis saber que un hombre y una mujer absolutos que buscan el verdadero amor se funden mediante su esfuerzo en hacerse uno en corazón. Cuando se funden un hombre y una mujer así, Dios viene a morar con ellos. A Dios no le gusta ver que un hombre y una mujer unidos en verdadero amor se separan y por eso el amor de un hombre y una mujer absolutos es eterno.

Aunque Dios es omnipotente y omnisciente, Su existencia no tiene en absoluto ningún significado si permanece solo. De la misma manera, por muy guapo y sano que sea un hombre, nada de eso le sirve si no tiene a una mujer. Un hombre que vive fascinado por su apariencia y salud tiene una existencia fea y no vale nada ante Dios. El problema es que hay muchos hombres en el mundo que se han hundido en el narcisismo y esa es una de las razones por las que la historia se ha encaminado hacia la tragedia. Debéis saber que la providencia de Dios opera para cambiar y mejorar el mundo inmerso en semejante egocentrismo.

Sección 4. El amor proviene de nuestro compañero.

Uno mismo no puede generar amor. ¿De dónde viene el amor? El amor no viene de mí sino de mi esposa. Ya que el amor procede de mi esposa debo inclinar mi cabeza y servirla. De allí surge el principio de vivir por el bien de los demás. Cuando algo noble y elevado viene hacia mí no puedo más que servir para recibirlo. Debemos practicar la filosofía de vivir por los demás.

Los seres humanos tenemos amor, pero si estamos solos el amor no puede manifestarse. El amor no aparece cuando un hombre está solo, sino cuando aparece una mujer como su objeto de amor. El amor puede surgir sólo cuando aparece el objeto de amor.

Decimos que el amor paternal y conyugal es bueno porque el amor genuino no es algo centrado en sí mismo.

Necesitáis saber que el amor no se inicia a partir de uno mismo, sino que surge del otro. El amor proviene de tu marido o de tu esposa y de tus hijos y de tus hermanos y hermanas. El amor no empieza en ti sino que empieza en tu cónyuge. ¿Quién es entonces el dueño del amor? Es tu cónyuge.

¿De dónde surge el amor? Surge de tu compañero. Si tu compañero es poco atractivo o feo el amor retrocede, si es guapo o hermoso el amor avanza más rápidamente. La manera en la que el amor actúa se determina de acuerdo a los atributos de tu compañero: su lenguaje, su fragancia, su olor y su sabor.

¿Dónde está la base del amor? No soy yo. La palabra amor debe usarse en términos recíprocos. Por muy guapo que sea un hombre, si no tiene una compañera está estancado porque no puede amar solo.

Yo no soy la base del amor. “El amor procede de mí” son palabras que Satanás ha estado usando. Yo no soy la base del amor. Puede ser que creáis que sois la base del amor pero no habrá progreso en el futuro si no se desmantela y transforma totalmente esa manera de pensar.

Hasta ahora las esposas y los maridos han estado poniéndose a sí mismos en el centro, queriendo ambos ser servidos. Esto ha estado destruyendo relaciones. Ya que la base del amor no procede de mí sino de mi esposa, debo sacrificarme por ese amor si quiero poseerlo. Con ese punto de vista no hay otro lugar en el cosmos que no sea la tierra donde se puede derrotar a Satanás.

Dios se aferra fuertemente al amor porque se puede encontrar solamente en concordancia con principios de amor centrados en Dios. La palabra compasión no puede expresarse en ausencia del amor. Tampoco la palabra benevolencia puede existir aislada. Estas palabras se usan sólo en términos recíprocos.

Sección 5. El hombre y la mujer se armonizan en el amor.

El hombre simboliza el cielo y la mujer la tierra. Así que ambos deben unirse y armonizarse. El hombre y la mujer son distintos. Los músculos del hombre son duros y los de las mujeres suaves. Los hombres tienen barbas mientras que las mujeres no. Sus voces también varían. Si comparamos hombres y mujeres veremos que sus rasgos contrastan y sin embargo encajan muy bien. Hay una armonía que se despliega entre ellos. Cuando vemos la estructura física de los seres humanos, sus lados izquierdos y derechos forman un par correlativo. Esas dos mitades están bien unidas.

Damas y caballeros, ¿os gustan sólo las cosas altas o sólo las cosas bajas? Os gusta aquello que crea armonía. Juzgando desde la línea del horizonte, los peces viven debajo y los mamíferos, pájaros y otras criaturas viven arriba. Las mujeres tienen una menstruación al mes, como las variaciones de la marea basadas en la luna. Respirar es parecido. Un hombre y una mujer establecen una línea de equilibrio y

crean armonía. A la gente le gusta Disneylandia con esas atracciones que suben y bajan, porque eso imita los movimientos del universo.

¿Qué creéis que es más agradable, un hombre que se armoniza con otro hombre o un hombre que se armoniza con una mujer? Un hombre que se armoniza con una mujer es mejor porque eso refleja al universo. Deberíamos vivir a la par con el ritmo del universo, el universo que crea armonía a través de la unión de yin y yang.

Cuando el hombre y la mujer se armonizan inician un movimiento circular. Cuando un hombre y una mujer se hacen una sola carne mediante el amor y cuando dan frutos de amor, Dios baja y ellos suben para encontrarse en el medio. Dios se convierte en el centro de esta esfera y se inicia un movimiento esférico. El centro de la esfera es el lugar donde se realiza la armonía del amor. Es el lugar donde emerge la vida y se mueve y es el punto de partida de la igualdad humana y de la filosofía común. Esto se debe a que la fuerza del amor reside allí. El amor es la fuerza que comprende todas las interacciones del universo.

Para los seres humanos el amor es eterno. Es uno y nunca se divide. Una vez que un hombre y una mujer se unen en amor deben convivir toda su vida y aún eternamente después de morir. Son dos cuerpos que se funden uniéndose y giran uno alrededor del otro. Cuando los dos cuerpos se unen giran como lo hace Dios y forman una base de cuatro posiciones de amor, la expresión del mundo ideal de amor. Sólo el verdadero amor puede morar allí y el amor falso no puede invadir. Cuando un hombre y una mujer llegan a ser bendecidos por Dios y logran la perfección, Dios les visita libremente. Cuando forman un fundamento de cuatro posiciones de amor, amarán sus respectivas mentes mediante sus cuerpos y cuando amen la mente, el cuerpo seguirá.

Sección 6. El verdadero amor excita a los seres humanos originales.

¿Qué es lo más sagrado del mundo? El verdadero amor. El verdadero amor parte de Dios. Si Dios existe no hay otro camino que el del verdadero amor. Dios realmente desea el sendero del verdadero amor y, sin atravesar ese sendero, no podemos estar frente a Dios. Debemos saberlo. Dios quiere ver, escuchar, comer y tocar el verdadero amor. En cuanto a los seres humanos, si reciben un beso de Dios van a sentir como si estuvieran explotando por dentro. Ese es el deseo de Dios. Dios no se alegra por tener joyas o diamantes.

El cuerpo humano tiene cinco sentidos y cada uno siente y confirma el verdadero amor mediante sensaciones de los cinco sentidos. Si los ojos se dirigen al verdadero amor, se colorarán y serán intoxicados con el verdadero amor. ¡Esos ojos intoxicados y coloridos relucirán maravillosamente! Pensad en lo encantadores que son los labios sonrientes de una persona sumida en verdadero amor. Intentad imaginar la hermosa belleza de los cinco sentidos moviéndose intoxicados por el verdadero amor y la armonía de los cinco sentidos que se mueven hacia Dios.

Dios no puede experimentar la alegría de semejante hermosura él solo. Sólo puede experimentarlo cuando tiene un compañero y, por esta razón, Él creó a los seres humanos. ¿Cómo se sentirá Dios viendo a un hombre guapo y una mujer bella mirándose fijamente a los ojos intoxicados por verdadero amor y tocando melodías de un corazón de verdadero amor? Si existiese una Eva de verdadero amor, Dios querría penetrar su corazón completamente. Dios tendría un deseo impulsivo por explorar lo ancho y profundo del mundo del corazón de Eva.

A Dios le gustaría atravesar los mundos de los corazones de Adán y Eva, un mundo más hermoso que el cielo y la tierra que Él ha creado. Sin lugar a dudas, Dios prefiere viajar al interior del corazón de una persona de verdadero amor que viajar a través del universo. Dios nunca querría abandonar el mundo del corazón del verdadero amor de Adán y Eva. Si después de crear a los seres humanos cayera en su verdadero amor y se convirtiera en un niño perdido en ese amor, ¿qué tipo de mundo tendríamos?

Si se hubiera perfeccionado el verdadero amor de Dios, el Dios de la sensibilidad no lamentaría de ser embelesado completamente en el verdadero amor. La naturaleza de Dios es tal que estaría completamente feliz con cualquier cosa que ocurriese en el mundo del verdadero amor. Si los seres humanos vivieran en semejante mundo de verdadero amor, tendrán vidas felices sin ninguna pena. Ese mundo carecería de guerras, quejas y desgracias.

Sección 7. El amor se realiza en un escenario completamente natural.

Os contaré una historia de mi juventud. Un día atrapé a una pareja de pajarillos e intenté que se besaran sus picos. Los puse en una jaula para verlos besarse, los alimenté y los observé. Lo hice por ese deseo de los niños de ver como se aman y son felices juntos. Fue un experimento surgido de la curiosidad por comprender los principios de la naturaleza. Seguí haciendo ese experimento, que ahora comprendo que fue un poco travieso. Tardé mucho tiempo en darme cuenta de que el amor sólo ocurre en un ambiente natural. El amor sincero surge naturalmente en un ambiente que es natural en el grado máximo. Después de un largo trayecto de experimentos llegue a tener el entendimiento correcto del amor.

Si alguien pierde el amor, ¿puede recuperarlo con una graduación universitaria? Acumulará conocimiento, llegará a ser individualista y adorará el materialismo. Así como una sopa de judías coreana sólo sabe bien si se sirve en un cuenco coreano grueso, la educación del carácter sólo puede lograrse si está centrada en el amor.

La flor de la civilización mundial debería prosperar basada en la armonía artística. En ese sentido, las costillas asadas deben servirse en una fuente pesada y una sopa de judías coreana debe servirse en un cuenco coreano grueso de barro para que sepa como es debido. Una vez que te acostumbras al sabor rudo, profundo y refrescante de la sopa de judías coreana no lo olvidarás nunca vayas donde vayas.

De manera similar, un vez que la gente se acostumbre al sabor terrenal, relajante y profundo del amor no cambiarán nunca. Así como nos solemos cansar enseguida de la comida instantánea, ya que suele ser muy dulce, si podemos lograr el amor de manera fácil y en cualquier lugar como la comida instantánea, no podríamos llamarlo verdadero amor.

Hay mucha gente que hoy en día prueba el amor como si fuera comida instantánea. Es un problema. El amor no se hace más profundo por bañarte en un baño perfumado. Yo diría que el amor de una pareja que vive en el pueblo más recóndito que se lava con agua fría antes de ir a la cama es más puro, dura más y es más profundo. Una pareja que se lava los dientes antes de besarse no están experimentando un amor natural. El olor de la pasta de dientes les impedirá probar el olor único del otro. Cuando veo gente que se lava los dientes antes de besarse no sé si quieren probar amor o el sabor de la pasta de dientes.

Cuando te encuentras con alguien que te gusta y a quien quieres, lo quieres abrazar y besar. Es un instinto natural entre los sexos. Puedes pensar que te encuentras con tu compañero para amar al entorno y al universo. Encontrar a un compañero y relacionarse con él es un comportamiento humano natural.

Cuando un hombre y una mujer se relacionan en una complicidad ideal, no habrá actos ni incidentes que violen ese amor. El verdadero orden del amor surge sólo cuando un hombre y una mujer se encuentran basados en el ideal de compañerismo.

Hacia un mundo de verdadera paz y una Organización de Naciones Unidas de verdadero corazón paternal a través de los torneos deportivos

Sun Myung Moon

Sevilla – España - 1 de agosto, 2009

Queridas familias que recientemente habéis recibido el nuevo linaje del Dios absoluto, único, inmutable y eterno a través de la Bendición, y ciudadanos del reino de Cheon Il Guk (Reino de los Cielos).

Estamos celebrando una ocasión verdaderamente especial en esta era providencial. Es profundamente significativo, pues estamos conmemorando la coronación y las bodas de oro de los Verdaderos Padres, el Rey de Reyes, la publicación de mi autobiografía y el 55 aniversario de la fundación de la Asociación del Santo Espíritu para la Unificación del Cristianismo Mundial.

Hoy, 1 de agosto, es un día en el que estamos llevando a cabo un evento histórico a través del cual el establecimiento del nuevo y verdadero mundo de paz de la ONU de los Verdaderos Padres se proclama ante todo el cielo y la tierra. Para estas ocasiones y días alegres,

ofrezcamos un aplauso en gratitud a Dios, nuestro Padre Celestial –quien gobierna la vida, la muerte, la fortuna y mala fortuna de toda la creación– por darnos estos días maravillosos y deslumbrantes.

Durante esta estación, vibrante de vida, Dios os está llamando a todos –*como señores de la creación*– para participar libremente, con todos los otros seres creados, en la creación de una nueva vida.

Él nos está bendiciendo para que brotemos maravillosamente como flores y para que vivamos vidas que sean tan brillantes como el sol y tan claras como el agua de un arroyo.

Los resultados de la Providencia de Dios en la Historia.

Queridos amigos que estáis recibiendo el amor del Cielo de nuevo: en tres ocasiones, una el 15 de enero y dos el 31 de enero, realizamos la histórica Coronación para la Nueva Autoridad de la Liberación de Dios, el Rey de Reyes, y la celebración de nuestro aniversario de bodas de oro. Dicha ceremonia tuvo lugar en Corea en el *Palacio de Paz de Cheon Jeong*, representando el Este, y otra llevada a cabo en la Ciudad de Nueva York, en Estados Unidos representando el Oeste.

De esta forma, establecimos el récord en ofrecer este histórico, sin precedentes y nunca más repetido evento providencial para el Cielo en dos diferentes lugares en el mismo día.

En el período desde abril, mi esposa y yo conmemoramos el 50º aniversario de nuestra Boda Santa. En 1960, jóvenes estudiantes en la península Coreana estuvieron protestando en resistencia a la dictadura (del Presidente Syngman Rhee). En el día dieciséis del tercer mes del calendario lunar en ese año (11 de abril, 1960 según el calendario Gregoriano), mi esposa y yo recibimos el sello del Cielo y juntos emprendimos un angosto curso de la Providencia de la restauración que los Verdaderos Padres, Verdaderos Profesores, y Verdadero Rey y Reina de la humanidad deben asumir.

¿Cómo podría incluso empezar a explicar el camino de la Providencia de la restauración a través de la indemnización que mi esposa y yo hemos tenido que seguir durante los últimos 50 años para poder finalmente traer la completa liberación y libertad para Dios y servirle como el Rey de Reyes? A partir de ahora y dentro de unos años los historiadores verificarán y archivarán lo que en este momento no puedo explicar.

Probablemente no sois conscientes de esto, pero hay un profundo significado providencial en la coronación de los Verdaderos Padres y su aniversario de las bodas de oro. Debido a la caída de los primeros antepasados de la humanidad, el verdadero linaje de Dios se perdió y la historia llegó a estar bajo el dominio del falso linaje de sangre de Satán. Estoy seguro de que habéis aprendido acerca de esta realidad a través del estudio del Principio Divino.

Este linaje corrupto ha sido una faceta en la historia. ¿No es por esto por lo que el mundo físico e incluso el mundo espiritual llegaron a estar en un estado totalmente antagonista, de confrontación, el bien en contra del mal y la relación de Caín y Abel? Nadie ha sido capaz de encontrar una solución a esta tragedia y los problemas históricos no se han podido resolver hasta este día.

Sin embargo, los tiempos están cambiando.

Las puertas hacia el ámbito de la completa unidad entre Caín y Abel han sido abiertas en las ocasiones de la coronación de los Verdaderos Padres y el aniversario de las bodas de oro. Hemos entrado en el ámbito de gracia en el cual los seres humanos pueden ser restaurados al nivel de cumplimiento y perfección, donde pueden heredar y compartir la naturaleza original del corazón de Dios, en otras palabras, hacia el estado humano originalmente pensado.

En términos de *0* (respuesta correcta) y de *X* (respuesta incorrecta) hemos entrado en la nueva era en la que el buen gobierno de Dios, quien está en la posición del *0,* puede abrazar y digerir completamente, sin dejar ningún rastro detrás, la mala soberanía de Satán, quien está en la posición de *X*. Está comenzando la nueva era, en la que el Reino de los Cielos en la tierra y en el cielo se está extendiendo sustancialmente ante nuestros propios ojos.

El Torneo del Balón Redondo de la Copa de Paz.

En esta ocasión de significado especial, mi esposa y yo celebramos nuestra coronación y aniversario de las Bodas de Oro y establecemos con éxito el Torneo de Armonía Cósmica del Balón Redondo de la Copa de Paz Caín–Abel durante trece días, comenzando el 21 de abril.

Llegará el día en que se convertirá en un *festival de paz* para toda la humanidad, incluso superando a los Juegos Olímpicos.

El Atlético Sorocaba del club de fútbol de Brasil contribuyó extraordinariamente a este primer torneo al dejar todos sus compromisos y acudir a la invitación de los Verdaderos Padres. Sorocaba ganó el campeonato de la Copa FA en Sao Paulo, Brasil en el 2008. Durante su corta estancia en Asia, jugó contra cuatro equipos diferentes, representantes del Norte de Corea, del Sur de Corea, de Japón y de China.

Realizó un excelente juego y demostró el alma del fútbol latinoamericano. ¡Podríais dar un caluroso aplauso para animar al equipo de Sorocaba!

¡Damas y caballeros! Quisiera ofrecer al Cielo esta preciosa nueva ceremonia al leer con vosotros el mensaje del Cielo que proclamé en la Coronación de Dios, el Rey de Reyes y también en la celebración de nuestro aniversario. Por favor grabad en vuestros corazones este evento de hoy.

Dios Ha Estado Anhelando a los Verdaderos Padres.

¡Ciudadanos del Reino de Cheon Il Guk quienes aman la paz como los Verdaderos Padres! Hoy es un día realmente precioso y alegre.

Celebremos todos sin ninguna reserva este día histórico y providencial y cantemos alabanzas a Dios, nuestro eterno Verdadero Padre, a Su Gloria y Nobleza. En esta solemne ocasión, cientos de billones de los que viven en el mundo espiritual han descendido y están aquí con nosotros para felicitar y celebrar este día bendito.

Este es el Día que Dios ha esperado por siempre desde que creó el universo. Durante decenas de miles de años, desde el día en que aquellos que Él creó como sus hijos -Adán y Eva-, mancharon el linaje

de sangre celestial y se quedaron en la oscuridad, Dios ha estado esperando mientras soportaba un dolor y una pena indescriptibles.

Él ha estado esperando impacientemente el día en el que Él pudiese ascender al trono de Rey de Reyes, para ser capaz de abrazar de nuevo a Sus hijos perdidos y a la creación y vivir en alegría para toda la eternidad en el sagrado dominio de paz en el reino de paz.

Damas y caballeros, Dios es y siempre ha sido el Rey de Reyes, incluso antes de que iniciara la Creación. El camino celestial, sin embargo, dicta que después de terminar todos los aspectos de la Creación, Dios debe manifestarse sustancialmente como el Rey de Reyes que gobierna sobre todo el mundo del fenómeno físico, la esfera de los objetos del amor de Dios. Esto es por lo que, motivado por el verdadero amor, Dios anheló y encontró al Verdadero Padre del mundo substancial físico, quien tiene que ser Su representante y heredero.

Aunque nos sentimos tremendamente agradecidos por la gracia de haber recibido el sello del Cielo, mi esposa y yo sentimos verdadera alegría de estar aquí presentes como los representantes directos de Dios y llevar a cabo esta ceremonia de coronación del Rey de Reyes y la celebración de nuestro aniversario de Bodas de Oro. Al mismo tiempo, estoy profundamente apenado ante el Cielo: he alcanzado los 90 años de vida y no he sido capaz de restaurar a los 6.5 billones de personas del mundo a Dios.

Una Revolución de Verdadero Amor.

¡Ciudadanos de Cheon Il Guk que amáis a Dios con verdadera fe!

El tiempo se está acabando. El Cielo no esperará más por nosotros. Dios está trabajando con Su autoridad como el Rey de Reyes a través de Sus representantes, los Verdaderos Padres terrenales, para realizar una nueva ley celestial y restaurar el mundo.

Es el momento de acelerar esta revolución del verdadero amor. Por lo tanto, en esta solemne ocasión, proclamaré a todos los del cielo y de la tierra una guía de la nueva ley celestial, por la cual la humanidad y todas las cosas de la creación obtendrán sus verdaderas posiciones y serán gobernadas.

Primero: *esta era, que nos está acercando gradualmente hacia el año 3.000, será la "era del cambio revolucionario después de la llegada del cielo". En esta nueva era, Dios no será más cautivo de los principios de restauración por indemnización; será el momento en donde el Rey de Reyes gobernará los mundos físico y espiritual con Su verdadera autoridad. Será la era del refugio providencial (del mal), durante la cual la tierra será devuelta a su estado original, con el ámbito del Litoral del Pacífico como su eje central. La gente no estará más en una influencia fuera de la era del nuevo camino del Cielo y de la nueva ley celestial. Se llevará una vida de transparencia y claridad cristalina.*

Segundo: *debemos conseguir una revolución educando a toda la gente en los valores de ética sexual absoluta, esto es, en la constitución del Cielo, con Dios como su vertical y absoluto eje. Esta es la única manera de legar a la humanidad el verdadero y buen linaje. Este es el camino de conseguir el ideal de Dios de verdaderas familias. A partir de ahora, la pureza sexual, la pureza del linaje y la pureza del amor será la filosofía educacional de la verdadera raza humana.*

Tercero: los nuevos representantes reyes de paz (boonbongwangs), embajadores de paz y la "ONU de padres" serán enmarcados al frente de los esfuerzos para eliminar completamente los muros de Satán y las fortificaciones que rodean la tierra en multitud de capas y reinstalar la armonía y la paz entre partidos políticos, religiones, razas, culturas y naciones. La actual ONU (en la posición tipo Caín) y la ONU tipo Abel deberán llegar a ser una y elevarse a una más alta dimensión, llegando a ser la ONU de Verdaderos Padres.

En otras palabras, la ONU de un mundo verdaderamente en paz. Con esto como centro, todos los problemas presentes en el mundo satánico –como la guerra, las enfermedades y el hambre– serán resueltos. Definitivamente esta es la dirección que toda la gente debe seguir. No tendrán otra salida, pues Dios en el cielo y los Verdaderos Padres estarán con ellos. El individualismo, egocentrismo y también el egocentrismo colectivo serán erradicados y todo ello conducirá a la realización de un mundo gobernado por nuestra conciencia y la razón natural sin necesidad de elecciones influenciadas por los poderes satánicos.

Cuarto: la bendición de matrimonio de cultura–cruzada e internacional es el método óptimo para el establecimiento de verdaderas familias que purificarán el linaje de la raza humana caída y construirán el reino de paz. Al final, la reconciliación y paz llegará a través del linaje; cuando negros y blancos, gentes del Oriente y gentes del Occidente, Budistas y Cristianos, Judíos y Musulmanes se casen entre ellos y lleven hacia delante la tradición de bendición matrimonial que los Verdaderos Padres han establecido, este mundo for-

mará naturalmente el ámbito de una familia que anhela y establece la ciudad natal y la patria de Dios. Un ideal se formará: el reino celestial basado en el ideal de una familia centrada en Dios. Cuando cambiemos nuestras armas y cañones por arados, a partir de aquí, un nuevo mundo de paz se abrirá ante nosotros.

Quinto: Dios nos creó como Sus contrapartes en el amor y Él preparó un mundo natural como un regalo para nosotros, Sus hijos. Dios no dejará a Sus hijos vivir en un desierto solitario desprovisto de un maravilloso escenario. Esto es por lo que toda la gente ha tenido la obligación de preservar y amar el mundo natural como Dios lo hace.

Estoy diciendo que deberíais desarrollar vuestra naturaleza humana como originalmente debería de ser, de tal forma que experimentéis resonancias incluso con un montón de flores salvajes como si estuvieseis compartiendo una conversación de corazón con ellas.

Esto será un atajo para la restauración de la humanidad hacia Dios.

¡Damas y caballeros que habéis sido elegidos por el Cielo! Todos habéis recibido una verdadera bendición celestial. Sois partícipes de la ceremonia de promover la responsabilidad providencial de gobierno por el Rey de Reyes. Sois testigos con vuestros propios ojos del torbellino de este punto histórico de transición. Habéis recibido una invitación para participar en la coronación, aniversario de bodas de oro y la celebración de la autobiografía del Verdadero Padre, el Rey de Reyes en el plano horizontal, quien gobernará toda la creación como el representante físico de Dios, el Rey de Reyes en el plano vertical.

¿Podríais de nuevo, en vuestra vida, tener la oportunidad de participar en esta ocasión tan histórica y significativa? Vuestros antepasados, en número de billones a lo largo de todo el cosmos, y vuestros descendientes aclamarán, bailarán y vivirán en alegría y gozo en este tiempo, moviendo el mismísimo eje central de la tierra.

Oro para que abráis los ojos de vuestra mente y grabéis este extraordinario e histórico momento en vuestra alma. ¿Cuándo en vuestra vida seríais capaces de testificar tal día de bendición y gloria como tenéis hoy? Espero que podáis asimilar las palabras del Cielo que hoy habéis recibido y utilizarlas como guía para vuestra vida de hoy en adelante.

¡Damas y Caballeros que habéis sido elegidos por el Cielo!

Estoy seguro de que todos sentiréis esto acerca del discurso que acabáis de leer, pero la humanidad está entrando en una nueva era providencial en la que la tierra será gobernada directamente por una nueva ley celestial y nuevo camino. Es la nueva era providencial *del cuarto Adán* en la que nadie puede entrar en el Reino de los Cielos sin heredar el nuevo estándar de corazón basado en Su naturaleza original. A través de la coronación providencial de los Verdaderos Padres, el aniversario de las Bodas de Oro, la celebración de la autobiografía y la conmemoración del 55 aniversario de la Asociación del Espíritu Santo en esta era, oro para que podáis formar sabias y nuevas familias de ciudadanos del Reino de los Cielos, Cheon Il Guk, familias cuyos miembros claramente distinguen entre Caín y Abel en sus vidas, quienes son integrados en el nuevo ámbito de Abel, estableciendo la bondad como su centro, aquellos que restauran los ámbitos de las tres eras del Antiguo, Nuevo y Testamento Completo y las tres generaciones de mi familia. Os estoy pidiendo que forméis y viváis como nuevas familias verdaderas basadas en la naturaleza humana original, a través de la que los verdaderos abuelos, los verdaderos padres y los verdaderos nietos pueden entrar, mano a mano, en el nuevo Reino de los Cielos. Por favor, grabad en vuestros corazones el significado de esta reunión para establecer el mundo de paz verdadera de la ONU de los Verdaderos Padres, lo que estamos celebrando hoy.

Oro y proclamo en el nombre del victorioso Verdadero Dios y los Verdaderos Padres que la nueva autoridad de las grandes bendiciones del Verdadero Dios, el Rey de Reyes de todas la naciones, pueda penetrar abundantemente en vuestras nuevas familias, nuevas naciones y a través del nuevo cosmos.

Que las Bendiciones de Dios llenen todo el cosmos.

Asamblea Cósmica para erigir a los Verdaderos Padres del Cielo, laTierra y la Humanidad y para la proclamación de la Palabra por el Ser Sustancial de Dios

Sun Myung Moon

Hotel Palace, salón Medinaceli, Madrid, 26 de abril de 2011

Lo que estoy a punto de proclamaros hoy es parte del curso de la gira de los VerdaderosPadres que anuncia la conclusión final y el cumplimiento de todos los aspectos de la providencia de la restauración a lo largo de la vida de los Verdaderos Padres. El camino emprendido por los Verdaderos Padres servirá como tradición y ejemplo histórico y, por tanto, declaro que todos vosotros debéis seguir este modelo en vuestras vidas, siendo familias que juráis heredar y realizar la voluntad de Dios que los Verdaderos Padres ya han cumplido, y ser leales a esa promesa.

El 18 de abril de 2011 celebramos el 52 aniversario de nuestra boda. En esa ocasión, di fin a la era anterior a la llegada del cielo, marcada por el pecado y la indemnización (enmienda), y proclamé la era posterior a la llegada del cielo a través de la que un nuevo cielo y una nueva tierra se reunirán mediante el poder redentor del verdadero amor.

En esta gira estoy promulgando un estilo de vida que corresponde a la era posterior a la de lallegada del cielo. Por favor grabad esto en vuestros corazones. Todos los hijos bendecidos en los mundos celestiales y terrenales que se relacionan por sangre con los Verdaderos Padres, deberían recordar esta proclamación final y lógica. Esta proclamación se otorga para establecer plenamente la nación ideal que proviene del Dios incorpóreo y el Dios corpóreo, el Dios de la noche y el Dios del día y de los antepasados de Jesús y delos Verdaderos Padres.

Los detalles de la vida de los Verdaderos Padres ya os han sido revelados y anunciados en mi autobiografía. Rezo para que todos os convirtáis en representantes y herederos de los Verdaderos Padres antes de la conclusión de la Asamblea Cósmica en la que se instaurará a los Verdaderos Padres del Cielo, la Tierra y la Humanidad y para la proclamación de la Palabra por el Ser Sustancial de Dios. Por favor, prestad atención a mi autobiografía, que recoge el trabajo de mi vida para permitir que los Verdaderos Padres tengan éxito en su misión durante su vida en la tierra y obtener mis logros. Por favor, heredad también las enseñanzas que he concedido al mundo. Rezo para que al hacerlo resultéis victoriosos en vuestras vidas. Vosotros también deberíais, tal como lo han hecho los Verdaderos Padres, convertiros en puentes celestiales para vuestros familiares y miembros de vuestro clan y también llegar a ser líderes centrados en Dios que pueden guiar a su clan al reino de Dios.

Os pido que grabéis esta proclamación de los Verdaderos Padres en vuestros corazones y juréis ponerla en práctica. ¡Aju! (Amen).

¡Distinguidos líderes de todo el mundo, distinguidos invitados locales y del exterior, damas y caballeros! En nombre de los Verdaderos Padres, la Familia Verdadera, la República de Corea, los Estados Unidos de América y los miembros de la Iglesia de la Unificación bendecidos por todo el cosmos (mundo espiritual y mundo físico), os doy sinceramente la bienvenida y os expreso mi más profundo agradecimiento

por asistir –a pesar de vuestras ocupadas agendas- a esta Asamblea Cósmica para instaurar a los Verdaderos Padres del Cielo, la Tierra y la Humanidad y para la proclamación de la Palabra por el Ser Sustancial de Dios.

En años pasados, miles de representantes y eminentes líderes de 120 naciones del mundo nos han honrado con su presencia en varias ocasiones, incluyendo nuestras Bodas de Oro, la Coronación y varios Festivales Conmemorativos "Legado de Paz" llevados a cabo en el edificio de las Naciones Unidas y en ciudades de todo el mundo, logrando muchos eventos excelentes.

Una vez más, me gustaría expresar mi agradecimiento en nombre de todo el pueblo de la República de Corea y de toda la Humanidad.

Damas y caballeros, este es un momento memorable en la providencia de Dios. El año pasado celebré mi nonagésimo cumpleaños y di mis primeros pasos hacia el centenario de mi vida. He sido bendecido con una larga vida, más larga que la vida promediode este mundo. Mi esposa y yo hemos arreglado la celebración mundial de hoy para conmemorar nuestro quincuagésimo aniversario de matrimonio. Desde el punto de vista providencial, este no es simplemente el año de nuestras Bodas de Oro; este también es un año de jubileo.

Tenemos catorce hijos, cinco de los cuales se han graduado en la Universidad de Harvard.

De los más de cuarenta nietos que tenemos, algunos de ellos ya están estudiando allí. Además, un gran número de buenos hombres y mujeres de 194 naciones del mundo, han venido a reconocernos y seguirnos como los Reyes de la Paz y como los Verdaderos Padres.

A lo largo de nuestras vidas hemos establecido muchas organizaciones e instituciones internacionales para promover la paz mundial. Hemos invertido sin reservas en numerosos campos incluyendo proyectos de cualquier confesión religiosa, proyectos de beneficio a la sociedad, actividades interculturales, deportes y educación, y hemos llevado a cabo con éxito empresas cuyo objetivo es promover la paz y traer la salvación a la humanidad.

¡Después de trabajar por el éxito en todas estas cosas, la gente probablemente nos elogiaría, diciéndonos que merecemos contemplar la labor de nuestra vida y celebrar de manera agradable nuestros cumpleaños, con los buenos deseos de todo el mundo! ¡Probablemente nos alentarían a olvidarnos de todo y a sentarnos a gozar de los éxitos logrados durante los pasados noventa años!

Sin embargo, mi esposa y yo no podemos mirar las vidas que hemos llevado de esa manera mundana. Hemos tenido que completar la misión que nos ha otorgado Dios como genuinos Verdaderos Padres, siendo Él mismo el Padre Verdadero de toda la humanidad.

Ahora, faltando menos de dos años para esta misión de hacer realidad el Reino de Dios –el Cheon Il Guk- , estamos llevando nuestras vidas diarias con más seriedad que nunca.

A lo largo de mi vida, me he ofrecido a mí mismo por la liberación de Dios -el gran y único Padre del cielo y la tierra- para restaurarlo a Su legítima posición de Padre, para salvar a todos los seres humanos que sufren en el ámbito de la muerte y retornarlos al seno de Dios.

Para este propósito, perseveré y triunfé en soledad sobre incontables tribulaciones conduciendo a la humanidad que, como huérfanos perdidos e inconscientes, buscan a sus padres celestiales en la meta hacia la salvación global. Debido a la caída de los primeros antepasados , la gente ha nacido del linaje falso. Todos, sin excepción, vagan en la oscuridad incluso ahora, incapaces de liberarse de la esclavitud de Satanás. Bajo tales circunstancias, ¿cómo podríamos, mi esposa y yo, sentarnos a disfrutar de nuestras vidas y no mostrar a los 7 mil millones de personas de este mundo el camino hacia la construcción del reino de Dios en la tierra?

Las Etapas de la Creación

Damas y Caballeros, Dios nos creó como sus hijos. Como el ser absoluto, único, inmutable y eterno, Dios creó a los seres humanos insuflando Su amor en ellos para dotarlos de un alma. Si no hubiera sido por la Caída, hubiéramos sido capaces de perfeccionarnos a nosotros mismos a imagen de Dios, para cumplir el camino de la fe absoluta, amor absoluto y obediencia absoluta, obteniendo así la vida eterna.

Desafortunadamente, los seres humanos viven como descendientes de la Caída. Para poder vivir una vida perfecta, los seres humanos sin excepción, deben recibir vida a través de la bendición de los Verdaderos Padres en las tres etapas de renacimiento, resurrección y vida eterna. El Renacimiento, en este contexto, se refiere a un individuo que obtiene nueva vida. La Resurrección se produce cuando una familia y una nación obtienen nueva vida, y la Vida Eterna se refiere a toda la humanidad obteniendo la perfección y viviendo para siempre en la patria de Dios, después de establecer el Reino de Dios sobre la Tierra y en el Mundo Espiritual, asistiendo a los Verdaderos Padres, los Reyes de la Paz.

Vuestros antepasados, que están en el mundo espiritual, deben retornar ahora a esta tierra, en la era de los Verdaderos Padres, quienes gobiernan directamente toda la vida y todas las cosas, como la entidad sustancial de Dios, que existe sin tener forma. Ellos pasarán por las

bendiciones en sus tres etapas de Renacimiento, Resurrección y Vida Eterna, y completarán la educación del Principio Divino Original –la educación de la absoluta fidelidad marital– organizada por los Verdaderos Padres. Sólo entonces, podrán vuestros antepasados tomar parte de la autoridad original garantizada por el *seunghwa* –ascención y liberación– y obtener las calificaciones para llegar a ser ciudadanos del Cheon Il Guk.

Podemos observar que la vida de cada persona pasa a través de tres etapas, cada una de las cuales se concibe a través de la gracia de Dios y el amor de sus padres. La primera etapa de la vida es el largo –aunque también breve– período de 9 meses pasados en el vientre materno.

¡Nadie está exento de esto! Seamos conscientes o no en ese tiempo, todos nosotros, sin excepción, pasamos 9 meses en el vientre de nuestra madre. Aunque el útero de una mujer es más pequeño que algunas arroceras, desde la perspectiva del feto, éste es más grande que todo el universo.

Y nuestro nacimiento es la segunda etapa de nuestras vidas, que ocurre en la tierra.

¿Cómo podríamos hallar las palabras adecuadas para describir la lucha de un bebé recién nacido al enfrentarse a un nuevo mundo completamente extraño? El primer y solitario llanto de un bebé recién nacido, al experimentar el grande y amplio mundo que encuentra a su salida del vientre, es una bendición y una celebración de un nuevo tiempo y espacio que promete un futuro de 100 años de duración, la bendición y celebración de entrar en un nuevo tiempo y espacio.

Todos hemos recibido la bendición del nacimiento, que hizo posible que vivamos en la segunda etapa de nuestras vidas. Aunque 100 años son mucho más largos que los 9 meses que pasamos en el vientre, por favor, no os olvidéis de que aún hay un camino que debemos seguir hacia un fin más elevado. Aunque todos hemos olvidado el estándar de conciencia que poseíamos en el vientre de nuestra madre y, aunque pensemos que ahora gozamos plenamente de nuestras vidas en este grande y amplio mundo, con un estándar más elevado de conciencia, aún existe una etapa final de nuestras vidas, que es el camino hacia la vida eterna.

La tercera etapa de nuestras vidas es en el mundo de la vida eterna, al cual podemos entrar al alcanzar la perfección, el mundo espiritual. Es un mundo que no puede ser imaginado por los seres humanos descendientes de la Caída. Es un mundo en el que trascendemos el tiempo y el espacio. Así como el feto, en el vientre de su madre, no puede imaginar la vida en la tierra, como personas que vivimos y respiramos aire en este mundo terreno, no podemos entender fácilmente el mundo espiritual, en el que naceremos como cuerpos espirituales, viviendo y respirando amor verdadero.

Damas y caballeros, al enfrentarnos a la muerte, los seres humanos podríamos temblar de miedo y terror si no entendemos el verdadero significado de la muerte. Aunque la historia humana tiene más de 6.000 años, no ha existido nadie que haya enseñado claramente la verdad respecto a la muerte. Ahora, en los Últimos Días de la historia humana, yo he podido revelar esta verdad, este secreto celestial, como el Verdadero Padre de la humanidad.

La Ceremonia de ascensión Seunghwa

Damas y caballeros, la palabra 'muerte' es sagrada, no es un sinónimo para "tristeza y sufrimiento". Los Verdaderos Padres han creado el término *seunghwa* para explicar el verdadero significado de la palabra muerte. El momento en el que entramos al mundo espiritual debe ser el momento en que entramos a un mundo de alegría y victoria con los frutos producidos durante nuestra vida en la tierra. Es el momento al que los que permanecemos en la tierra enviamos a nuestros difuntos con alegría. Debe ser un momento de gran celebración.

Debemos derramar lágrimas de alegría, en vez de lágrimas de tristeza. Ese es el significado de la sagrada y noble Ceremonia de Seunghwa. Esta ceremonia representa el primer paso que toma el espíritu de los fallecidos hacia el disfrute de una vida eterna acudiendo a los brazos de Dios. En el momento de la muerte, nuestros espíritus deben sentirse más entusiasmados y emocionados que una novia recién casada al ir a la casa de su novio por primera vez.

Para abrir la puerta para que la humanidad experimente esta clase de maravillosa vida eterna, el 18 de marzo oficié una Ceremonia de Seunghwa en la Sede de las Naciones Unidas de Nueva York en honor de líderes mundiales que recientemente habían pasado al otro mundo.

Los siguientes nombres son los de los conmemorados en aquella ocasión:

El ex-Secretario de Estado de los Estados Unidos de América, Alexander Haig, quien salvó mi vida dirigiendo el bombardeo del Campo Especial de Prisioneros de Heungnam, de Corea del Norte, donde estuve encarcelado durante la Guerra de Corea; el ex-Presidente Sur-Coreano Kim Dae-Jung, ganador del Premio Nobel de la Paz; el diplomático Tunecino, Jefe de la Misión de Estabilización en Haití de las Naciones Unidas, Heidi Annabi, que murió en el terremoto haitiano de 2010; los 100 trabajadores de las Naciones Unidas que murieron junto con el Sr. Annabi; el ex-Presidente de Costa Rica, Rodrigo Carazo Odio, que es conocido en el mundo como el "Presidente de la Paz"; el ex-Presidente de Indonesia, Abdurrahman Wahid, que dedicó toda su vida a la gran nación de Indonesia, que tiene una población de 100 millones de personas; el ex-Primer Ministro de Islandia, Steingrimur Hermannsson, que colaboró para que se llevara a cabo la reunión entre el Presidente de la ex-Unión Soviética, Mikhail Gorbachev y el Presidente estadounidense Ronald Reagan, reunión que aceleró el final de la Guerra Fría; Hassen Shiseh de Senegal, respetado como un ejemplar erudito del Islam; y el Embajador Laxmi Mall Singhvi de la India, que es elogiado como "El Embajador de la Paz y la Reconciliación", por 1.100 millones de personas de la nación Hindú.

Hay otras personas a quienes también recordamos en esta ceremonia y enviamos al mundo espiritual con la bendición del Seunghwa. Estoy seguro que han sabido del hundimiento del barco Cheonan en Corea, en el que 46 marinos perdieron sus vidas en cumplimiento de su deber. En Abril, durante mi gira por cuatro ciudades en Corea, mi esposa y yo otorgamos la gracia de la Bendición del Seunghwa a estos desafortunados marinos fallecidos.

Posteriormente, durante otro evento en Las Vegas, EEUU, otorgué la Bendición del Seunghwa a la Dra. Reiko Kawasaki, descendiente –en XVII generación– de Tokugawa Ieyasu, el último Shogun de la historia japonesa, que unificó el archipiélago japonés en el Siglo XVII. Ella fue doctora en medicina en Las Vegas y falleció recientemente tras pasar una vida de continuo servicio a los demás. Antes de su fallecimiento, jugó un importante papel en el logro de un mundo de paz, estableciendo un fundamento para la futura resolución de varios asuntos en Corea, Japón y los Estados Unidos, incluyendo temas políticos y económicos. Por ese motivo, la he incluido en la lista de aquellos que recibirán esta sagrada Bendición del Seunghwa.

Aunque las vidas de la gente cuyos nombres he mencionado han sido altruistas y filantrópicas, ninguno de ellos tiene garantizada la entrada en el mundo de la vida eterna sin recibir la Bendición del Matrimonio y la Bendición del Seunghwa por parte de los Verdaderos Padres, el Rvdo. y la Sra. Moon. Esto se debe a que la relación padre-hijo entre Dios y la humanidad se interrumpió como resultado de la Caída de los primeros antepasados. Por favor, tomad con seriedad este punto. Damas y caballeros, esta era, en la que Dios ha proclamado el Calendario Celestial, es muy seria. Ahora es el momento en el que los 7 mil millones de personas en el mundo deben entender las enseñanzas que estoy legando como Padre Verdadero y responsable de dar la vida eterna a toda la humanidad. Ahora es el momento en el que podéis compartir las buenas nuevas de la llegada de los Verdaderos Padres a todo el mundo.

Ha llegado el momento de honrar y heredar la tradición y el espíritu del pueblo coreano, del que provienen los Verdaderos Padres, estableciendo la sagrada tradición y alcanzando el mundo de paz, uniendo a los 7 mil millones de personas del mundo con las Naciones Unidas. Con el comienzo del calendario celestial, por favor no olvidéis que la Ceremonia de la Bendición del Seunghwa es un rito sagrado en el cual cualquiera puede heredar la ideología de un ciudadano sagrado del Reino de los Cielos y celebrar la liberación de Dios y la liberación de toda la humanidad.

De esta manera, el ideal de una familia basada en el amor verdadero se puede alcanzar y Dios y los seres humanos, así como también el mundo espiritual celestial y el mundo físico, pueden estar completamente unidos para abrir el reinado de la paz a todo el mundo. Por favor, tomaos un tiempo para expresar vuestra gratitud a Dios y a los Verdaderos Padres por otorgar las llaves de las Ceremonias de Bendición y Seunghwa a todas las naciones del mundo, permitiendo el establecimiento de la tradición del Reino de los Cielos, el Cheon Il

Guk, a través de los Verdaderos Padres.

Por favor, uníos conmigo para aplaudir a nuestro Padre Celestial por esta Gracia, a través de la que podemos recibir gratuitamente Su Gracia de una preciosa vida.

Una Familia bajo Dios

Damas y caballeros, ¿cuál es el camino que debe seguir la humanidad hoy en día? Aún ahora, decenas de millones de vidas inocentes se pierden cada año debido a la guerra, enfermedad, hambruna y desastres naturales que ocurren en todos los rincones de este mundo. En cada área que observen –sea religiosa, política, educativa, cultural o ideológica– la gente se encuentra profundamente atascada en el pantano del egoísmo auto-centrado. Vivimos en un mundo en ruinas, donde se ha quebrado la genuina comunicación. En última instancia, los problemas que afligen a la humanidad sólo se podrán resolver a través de la visión de "Una Familia bajo Dios", en otras palabras, las enseñanzas del amor verdadero que mi esposa y yo –los Verdaderos Padres- aprendimos del Cielo y hemos defendido a lo largo de nuestras vidas. Esta es la única manera de que la humanidad encuentre el camino hacia la paz y la felicidad.

Damas y caballeros, estamos viviendo el momento histórico de una gran transición cósmica.

Es la época de una gran revolución cósmica para unir a los mundos espiritual y físico y crear el reino de los cielos ideal que Dios ha anhelado desde el comienzo de las eras. Ya no podemos posponer ni prolongar más la realización de Su deseo. Ya he proclamado que el 13 de Enero de 2013 será el "Día de la Fundación". Ese día será el verdadero comienzo y nacimiento del reino de Dios del Cheon Il Guk; ese día será el origen y sólo faltan dos años.

Por eso, ahora es el momento para que todo el mundo sea humildemente obediente al decreto del Cielo. Una época inevitable se cierne sobre nosotros en la actualidad, en el que debemos volcarnos completamente en un compromiso de vida o muerte por los restantes dos años bajo la guía de los Verdaderos Padres que llevan a cabo la providencia sobre esta tierra como representantes substanciales de Dios, el Rey de Reyes. Todos los buenos seres del mundo espiritual están movilizados y ya están avanzando un paso por delante de vosotros.

Damas y caballeros, ¿cuán grande fue el dolor sufrido por Dios cuando nuestros primeros antepasados –en quienes Dios había invertido Su completa e incondicional devoción desde tiempos inmemoriales- cayeron y desaparecieron en la oscuridad, convirtiéndose en parte del linaje de Satanás? ¿Sois conscientes, tan siquiera remotamente, de que nuestro Padre Celestial –que había soportado por decenas de miles de años un atroz dolor de corazón, tan grande que hizo a Sus huesos derramar lágrimas y a Su carne temblar-, tuvo que atravesar el largo y oscuro túnel de la indemnización para salvar a Sus hijos perdidos?

¿Cuántos de vosotros habéis pasado días y noches llorando, anhelando consolar a nuestro Padre Celestial?

La Misión del Pueblo Coreano

Todos los cristianos reconocen que Dios envió a la tierra a Su verdadero hijo, Jesucristo, hace 2.000 años para salvar a la humanidad. Sin embargo, Jesús sufrió un trágico final. Los líderes del Judaísmo y la gente de Israel tenían que recibir al Mesías y seguir el camino de fe, amor y obediencia absolutos. Ellos no debieron haber permitido nunca que ocurriera la crucifixión de Jesús. Él dejó este mundo repentinamente, tras pronunciar "Todo está consumado". Sin embargo, estas palabras se aplican sólo a la salvación en la realidad espiritual y prometió regresar.

Damas y caballeros, Dios crió y preparó al pueblo coreano durante miles de años. Después de dos mil años de preparación, su trabajo ha dado fruto en la Segunda Llegada de Cristo en la península coreana. Desde siempre los coreanos han alabado a Dios como el ancestro primigenio y más elevado de sus antepasados. Ellos denominan a este ser singular y progenitor de toda la gente, "El Único"; en otras palabras, Dios. Ellos le sirvieron como el Señor (que creó el día y la noche). Por eso, todos los números comienzan con el uno y el dos.

Con el ideal de que Él es su ancestro original, el pueblo coreano ha servido a Dios y, por eso, el espíritu de interdependencia, mutua prosperidad y valores universalmente compartidos, está vivo en el alma y la tradición de esta raza. Ellos han perseverado durante más de cinco mil años de historia y, sin embargo, nunca han invadido ni saqueado a otra nación o pueblo. El espíritu de "beneficiar a toda la humanidad" todavía fluye en las venas de los coreanos. El espíritu de piedad filial, fidelidad y lealtad, que son las virtudes fundamentales de la vida humana, se encuentran todavía vivos y respirando en la historia coreana. Estos valores se hallan en los hombres y mujeres de Corea y reflejan el orgullo y el espíritu de los coreanos.

Yo he heredado valores tradicionales tales como el de la verdadera piedad filial ejemplificada en la leyenda popular *Shimcheong* –que narra la historia de la devota hija que ofreció su vida para que su padre ciego pudiese ver-; el profundo amor y fidelidad desplegado por Cho-

onhyang -que venció el miedo a la muerte para poder mantener la promesa que le había hecho a su esposo- y la inquebrantable lealtad exhibida por el Almirante Yi Soon-Shin -que dio su vida por salvar a su nación y pueblo, a pesar de haber sido abandonado por su rey y otros líderes-. Estos nobles valores y tradiciones de Corea no son sólo asuntos de oportunidad histórica. Basados en estos valores, el Cielo ha preparado a esta gente; todo esto forma parte de la providencia para crear unos cimientos para enviar al Mesías. Sobre el fundamento de tal preparación y arropado por la energía de esta península, llegué finalmente yo, habiendo recibido el sello del Cielo, como el Verdadero Padre de la humanidad, y el Rey de Reyes.

El Camino que la Humanidad debe seguir

Distinguidos invitados, sus excelencias, damas y caballeros, el camino que la humanidad debe tomar está claro. ¿Qué os haría vacilar frente al "Día-D" que el Cielo ha revelado a través de nosotros, los Verdaderos Padres? Sólo quedan 600 días desde este momento. Las bendiciones del Cielo estarán con vosotros en vuestro ambicioso curso.

Si miráis el curso de la historia con los ojos atentos a la providencia de Dios, podréis observar que los tiempos pueden ser clasificados en tres etapas.

Primero tuvimos la "era de los asuntos mundanos", en otras palabras, una época en la que el materialismo tuvo prioridad y dominó el mundo. Después vino la "era de los asuntos humanos", una época centrada en lo humano, en la que el conocimiento y las emociones de la gente tuvieron prioridad y dominaron el mundo.

Sin embargo, estas eras fueron simples transiciones; fueron cursos de preparación necesarios para entrar en la era en la que los mismos seres humanos podrían eliminar su naturaleza caída, retornar a su ser original y vivir como una familia unida donde tengan a Dios como su Padre. La "era de los asuntos celestiales" es la etapa final, en la que la humanidad que conoce y siente el corazón y la voluntad de Dios debe recorrer el camino de vivir por el bien de los demás. Deben hacerlo estableciendo un estándar absoluto sobre la base de la purificación de ellos mismos, tanto interna como externamente, a través de la Ceremonia de Bendición del Sagrado Matrimonio. La era en la que vivimos actualmente es el momento de la apertura de la era del Divino reino del Cheon Il Guk, un tiempo en el cual podremos retornar al corazón del único y verdadero Dios. Por favor, grabad este punto en vuestros corazones.

Una vez que la verdadera era del Cheon Il Guk comience, los mundos espiritual y físico se conectarán y serán uno, y todas las cosas serán gobernadas por la Asociación de la Unión de los Mundos Espiritual y Físico, que será establecida por primera vez en esta tierra. Además, la providencia será llevada a cabo bajo la ley celestial y el camino celestial. Las elecciones conducidas de una manera puramente secular desaparecerán de la faz de la tierra. Toda la gente se convertirá en una familia a través del matrimonio intercultural y la Bendición Matrimonial por la Paz Mundial y gozaremos de la tranquilidad y felicidad en el sagrado reino de paz. Permitidme que os lo repita: ese día se está acercando.

Como parte de la preparación para esta era, el año pasado, el 14 de febrero, proclamé a todo el cielo y la tierra el comienzo del nuevo "Calendario Celestial". El calendario Gregoriano y el calendario Lunar deben desde ahora, quedar en las posiciones de Caín y Abel y cumplir el papel de apoyar al calendario celestial, en el cual registraremos e indicaremos el progreso de la providencia de Dios.

Todos debéis grabar mis enseñanzas en vuestros huesos y practicarlas en vuestra vida. No hay alternativa. Si no nos preparamos ahora, con seguridad nos quedaremos atrás.

Debemos aprender del coraje y fortaleza de las grullas de cuello blanco que vuelan cruzando el Himalaya, que está a más de 7.000 metros de altura, en preparación para el invierno.

Mis últimas palabras para la Humanidad

Los Verdaderos Padres ya han preparado las últimas palabras que daré a la humanidad.

Estas palabras han sido preparadas sobre la base de mis triunfos en más de seis o siete ocasiones en las que me encontré entre la vida y la muerte, incluyendo seis períodos de injusto encarcelamiento que he experimentado durante mi vida. Dejo ocho diferentes volúmenes de libros como manuales y materiales de educación para la humanidad durante toda la eternidad.

En total, están publicados en casi mil volúmenes.

Estos libros son *Los Sermones de Sun Myung Moon*, el *Principio Divino*, *Cheon Seong Gyeong* (*La sagrada Escritura*), *Pyeonghwa Shingyeong* (*Los Mensajes de la Paz*) y la *Promesa Familiar*. Después hay un libro pequeño, Conseguir una Verdadera Familia: La mejor puerta para entrar en el cielo.;*Dueño de la Paz y Dueño del Linaje* y *Una antología comparativa de las Escrituras Religiosas del Mundo*.Estos son los manuales y libros que tenéis que leer y estudiar, incluso después de ir al mundo espiritual. No son sólo enseñanzas que vienen de la mente de un ser humano: son los manuales y materiales de enseñanza que muestran el camino celestial que Dios ha garantizado a Sus sufrientes hijos para su salvación.

Ustedes deben establecer ahora la tradición del *hoon dok hwe(lectura de la palabra)* centralizada en su familia, usando los libros que he mencionado. Esa es la tradición en la que tres generaciones de una familia comienzan el día leyendo las palabras del Cielo, practicando eso con un corazón nuevo. Creemos un mundo en el que el mundo espiritual y el mundo físico puedan asistir a los Verdaderos Padres al mismo tiempo y leer juntos las palabras del camino celestial. Una vez que esto ocurra, no importa lo intensamente que pueda tratar Satanás de infiltrarse e infestar nuestro linaje, que no encontrará ningún lugar para ponerse frente a la tradición del *hoon dok hwe*. Si una familia vive alineada con Dios como en el mediodía pleno –donde no existen sombras– y aun así no recibe las bendiciones de Dios, ¿entonces quién podría merecerlas? Cuando esas familias celestiales llenen esta tierra, el mundo se convertirá automáticamente en el reino celestial en la tierra y en el eterno mundo espiritual que cumple la visión de: "Una Familia bajo Dios".

Damas y caballeros, hace dos años que fueron publicadas mis memorias *–Una vida consagrada a la Paz-* que contienen un honesto y sincero relato de mi vida.

En este libro comparto cómo descubrí la voluntad de Dios para la humanidad y el camino que deben seguir los seres humanos, como hijos de Dios. Mi vida ha sido un típico modelo del dicho, "Si a la primera no tienes éxito, inténtalo, inténtalo e inténtalo una vez más". Yo tengo tanta fe en este libro como en los manuales de *hoon dok hwe* y los materiales de enseñanza que he mencionado. Por esta razón os lo recomiendo, en la creencia de que os mostrará cómo llevar una vida según los verdaderos principios. No quita, ni añade nada a los noventa años de mi vida, que he vivido bajo el decreto del cielo. Rezo para que podáis leer cuidadosamente esta expresión de amor verdadero y encontréis en ella una gran inspiración.

He dicho que una vida de alineamiento vertical de "mediodía" no proyecta sombras. Si pudiésemos todos brillar al vivir semejante vida radiante, no habría oportunidad para que la sombra del pecado se proyectase. Aquellos que reciban la luz quedarán agradecidos por ella. Rezo para que podamos secar ahora las lágrimas de la gente que está en la miseria y en la pobreza y llevar una vida iluminada de amor verdadero que disipe toda oscuridad.

Proclamación de la Era de los Padres del Cielo, la Tierra y la Humanidad

Damas y caballeros, hace un año se celebró en Las Vegas una proclamación especial centralizada en Dios, que fue oficiada por los Verdaderos Padres del Cielo, la Tierra y la Humanidad, en dos días separados: una a las 2:20 de la madrugada del octavo día del quinto mes del Calendario Celestial (19 de junio de 2010); y otra a las 3:25 de la madrugada del decimoquinto día del quinto mes del Calendario Celestial (26 de junio de 2010).

El número 3 de las 3:25 representa las tres eras del dicho: "El éxito llega al tercer intento".

Simboliza también las eras de los Testamentos Antiguo, Nuevo y Completo.

Veinticinco minutos, o el número 25, es un cuarto de cien. Los Verdaderos Padres han alcanzado la unidad última y han ofrecido y proclamado la era de la completa trascendencia, completa inmanencia, completa autoridad y omnipotencia, sobre el estándar de perfección, realización y conclusión.

Más aún, con la Ceremonia del Seunghwa para el ex-Secretario de Estado de los Estados Unidos, General Alexander Haig, proclamé que la ceremonia para la victoria del primer, segundo y tercer Israel, que completó las ceremonias del renacimiento, resurrección y *seunghwa*, durante el lapso de mi vida, había sido transferida a Corea.

Por eso, Corea se convertirá ahora en la patria y tierra de Dios. Al proclamar que Corea es la patria de Dios, la Asamblea Cósmica para instalar a los Verdaderos Padres del Cielo, la Tierra y la Humanidad y para la proclamación de la Palabra por el Sustancial Ser de Dios, se realizó en Corea el 8 de julio de 2010 y en sendas ceremonias en los EE.UU.,representando a la cristiandad, el segundo Israel, y en Jerusalén. Mediante estas ceremonias de proclamación todas las fronteras del cosmos entero han sido abolidas. Consecuentemente, centralizados en el auto existente Dios, el cielo y la tierra existirán eternamente, día y noche, bajo el reinado de Dios y con el apoyo de los Verdaderos Padres del Cielo, la Tierra y la Humanidad.

Distinguidos invitados, en esta importante era, debe producirse un cambio revolucionario y cósmico en vuestras vidas. Resumamos el mensaje que el Cielo nos ha dado hoy a la luz de esto.

Primero: todas las familias bendecidas deben tomar a Dios como el centro de sus familias, y llevar a cabo, cada día, la educación del *hoon dok hwe(lectura de la palabra)*, que puede unir completamente a los padres e hijos. En otras palabras, deben enseñar completamente el Principio Divino, los manuales y materiales de educación que los Verdaderos Padres han legado, la autobiografía de Padre Verdadero y la fidelidad marital absoluta promulgada a través del Principio Divino Original.

Segundo: el Cielo ha permitido que la gracia de la autoridad del *seunghwa* para el renacimiento y resurrección sea otorgada sobre la unidad familiar. En este punto, la condición requerida es la completa unidad entre padres e hijos. En otras palabras, deben establecer el modelo para los padres absolutos y los hijos absolutos y establecer una familia absoluta.

Tercero: la humanidad ha salido de la autoridad de la era de restauración a través de la indemnización, gracias a la bendición de los Verdaderos Padres, que han pasado sufrimientos sudando sangre. Por eso, no olviden el hecho de que, durante el lapso de vida de los Padres Verdaderos, todos nosotros tenemos la responsabilidad de liberar a las familias, tribus, pueblos, naciones y al mundo de la autoridad del infierno. ¿Qué tipo de era está naciendo ahora que la era de la restauración a través de la indemnización ha finalizado? El reino de la tranquilidad y la prosperidad en la victoriosa autoridad centralizada en Dios y los Verdaderos Padres será eterno.

Cuarto: estamos entrando ahora en la era de la autoridad del dominio directo de Dios.

Damas y caballeros, he dicho que quedan menos de dos años hasta el día D proclamado por el Cielo. Os ruego que guardéis en vuestros corazones el hecho de que hemos entrado en la era de la autoridad del Sábado Cósmico, en el cual vuestros familiares en el mundo espiritual regresarán a la tierra para recibir la educación del Principio Divino Original y en la que ocho generaciones vivirán juntas en una sola familia. ¡Ayú! (Amen).

Damas y caballeros, mis comentarios finales explican en líneas generales todos mis esfuerzos.

Concluye esta gira que se celebra para el ámbito religioso, la Tierra, el Mundo Espiritual y el Mundo Físico y los mundos de tipo Caín y Abel, para finalizar aquello que yo, el Rvdo. Moon, he logrado a lo largo de toda mi vida con Dios como el dueño del Mundo Espiritual y Físico. Esto no pudo haber ocurrido antes en la historia.

La asamblea de Washington DC–Nueva York se celebró para establecer el ámbito de la victoria, y para hacer titulares que sinteticen el curso de mi vida, que definitivamente concluye el ámbito de la victoria, creando un mundo donde Dios, completamente victorioso en la providencia, es liberado a través del curso de la vida de los Verdaderos Padres, para así traer perfección y realización, concluyendo la era posterior a la llegada del cielo.

Las instrucciones especiales de los Verdaderos Padres.

(Comunico las siguientes instrucciones a los 387 embajadores de las 194 naciones miembros de la ONU tipo Abel y las 193 naciones miembros de la ONU tipo Caín, a los representantes especiales (BBW) y los Embajadores de la Paz, a los presidentes y líderes nacionales de cada nación aquí presente y a todo el Cielo y la Tierra.)

1. Centrado en Hwang Sun Jo, el presidente de la Federación Universal de la Paz en Corea, las Ceremonias de Seunghwa para la esferas de los Mesías tribales y -por primera vez-, del primer y el segundo Israel deberían realizarse entre octubre y diciembre de 2010.También tienen que participar en la Ceremonia de la Bendición y después también deben realizar la ceremonia de tres días (Para restaurar las relaciones sexuales fuera del Principio de Dios) y la ceremonia de indemnización para eliminar el resentimiento entre el hombre y la mujer.. Los detalles de estas ceremonias se explican en el centro de la Iglesia local. Como Corea es la patria y la Tierra Natal de Dios, porque es la nación de los Verdaderos Padres, debemos hacer que todos los coreanos participen de estas ceremonias.

2. Aquellos que han aceptado la responsabilidad de los representantes especiales (BBW) y Embajador de la Paz deben celebrar y realizar, al mismo tiempo a través del mundo y hasta el día D, ceremonias de Bendición del mundo espiritual y físico.

3. Los antepasados del ámbito del linaje original y gente perteneciente

a la esfera celestial que han recibido la Bendición centrada en los Verdaderos Padres, -incluyendo a Adán y Eva, el clan Moon, los representantes especiales (BBW) y Embajadores de la Paz, el presidente de cada nación y líder de la asamblea nacional-, deben realizar la esfera de unidad encarnando las cualidades divinas de omni-transcendencia, omni-prevalencia, omni-potencia y capacidad.

4. Empezando con el 14 de octubre de hace sesenta años, después de sesenta años de restauración por indemnización y en relación a los tres días del decimocuarto, decimoquinto y decimosexto día del décimo mes, según el calendario celestial, en el décimo año de Cheon Il Guk, la gira de proclamación que se celebró el año pasado en el decimoséptimo mes del calendario celestial (22 de noviembre) era una de perfección, completando y concluyendo las etapas finales de todas las proclamaciones dadas hasta la proclamación del día D de los Verdaderos Padres, que corresponde con los registros documentados de las proclamaciones hechas por los Verdaderos Padres.

5. La proclamación de los Verdaderos Padres en la Asamblea para

proclamar la Palabra Sustancial y la era de los Verdaderos Padres del Cielo, la Tierra y la Humanidad, la asamblea de Washington-Nueva York, la asamblea de Hoover Dam en Las Vegas y la asamblea en Corea, que se está convirtiendo en la Patria y la Tierra Natal de Dios, significan la perfección suprema, y finalizan la providencia. Esta misión debe realizarse dentro del siguiente año y ocho meses, hasta el día D asignado por los Verdaderos Padres.

6. De esta manera Corea, que dio nacimiento a los Verdaderos Padres, será perfeccionada, completada y consumada como la Patria y la Tierra Natal de Dios. El presidente Lee Myung Bak, que representa el gobierno de Corea (del Sur y del Norte) -que es la Patria y la Tierra Natal de Dios-, el ex-presidente George Bush y Obama el presidente actual de los EE.UU., -que representan los presidentes de la ONU tipo Caín y tipo Abel- y todos los presidentes y ciudadanos que participan en las reuniones del G20 deben unirse para hacer de estas giras un éxito, perfeccionado, completando, concluyendo y ofreciéndolas según el decreto celestial de los Verdaderos Padres. Si alguno de los mencionados no pueden asistir, los Verdaderos Padres seleccionarán a otros para ocupar su lugar en esta tarea.

Damas y caballeros, como habéis podido apreciar en el video que hemos visto hoy, vivimos en un tiempo en el que Dios está concluyendo su providencia y recogiendo los frutos en la fase final. No hace mucho tiempo, el primer ministro Danny Philip de las Islas Salomón visitó personalmente a los Verdaderos Padres. Las palabras de Dios le conmovieron tanto que juró y prometió que su nación sería un aliado de los Verdaderos Padres. Mostró su determinación de convertirse en un obrero y un soldado de Dios en el frente de la providencia. En estos mismos momentos Nepal están transmitiendo conferencias del Principio Divino Original recibido por los Verdaderos Padres por medio de un canal nacional de televisión de Nepal para educar a todos sus habitantes.

Hay en marcha actividades centradas en las Naciones Unidos y están ganando ritmo. La Federación de Mujeres por la Paz Mundial, que mi esposa y yo fundamos, ha sido reconocida por iniciar actividades que están alineadas con las metas y el propósito fundacional de las ONG, y está siendo reconocida como una de las organizaciones más destacadas de entre las más de 3.400 ONG registradas en la ONU. Además, la FMPM ha logrado resultados extraordinarios promoviendo los derechos de las mujeres y resolviendo problemas como la pobreza y la educación infantil.

Recientemente hemos recuperado el control del periódico *Washington Times*, que me arrebataron con engaño de mis manos. Si esto no es un milagro, no sé lo que será.

Líderes de los cargos más altos de la esfera tipo Caín, se unirán para crear una federación centrada en la junta directiva del *Washington Times* para promover la verdad de la voluntad de Dios para su patria y Tierra Natal y para proteger la nación de la soberanía de Dios.

Damas y caballeros, el mundo está actualmente girando alrededor de los Verdaderos Padres.

Históricamente naciones como Japón y Corea, Japón y los EEUU y Rusia han sido enemigas, pero la gente de esas naciones también participará en la Bendición matrimonial intercultural a escala nacional para erradicar el linaje caído recibido de Lucifer y heredar el nuevo linaje celestial.

El proyecto en curso para construir túneles bajo el mar entre Corea y Japón y en el estrecho de Bering será dirigido por líderes religiosos a escala mundial y realizado atendiendo a nuestro Dios liberado.

El ateísmo y el comunismo, que niegan la existencia de Dios, serán descartados, abriendo camino para construir el mundo que Dios ideó originariamente, dónde todo el mundo puede comunicarse en armonía.

El conflicto y la lucha histórica experimentada por los cuatro grandes reyes, a saber, el Dios de la noche, el Dios del día, el Rey de Reyes y el Verdadero Padre, que surgieron debido a la caída de los primeros antepasados, ha sido resuelta completamente por los Verdaderos Padres del Cielo, la Tierra y la Humanidad. Se está creando justo delante de vuestros ojos un mundo donde toda la gente será igual y todas las naciones serán hermanas y juntas crearan un mundo bajo Dios.

Rezo para que todos vosotros resultéis vencedores siendo parte de esta revolución providencial e histórica. Que la fortuna celestial que fluye desde los Verdaderos Padres del Cielo, la Tierra y la Humanidad esté sobre vosotros.

Rezo en nombre de los Verdaderos Padres para que las bendiciones de Dios sean derramadas sobre vosotros, vuestras familias y vuestras naciones.

Muchas gracias.

Dentro del ámbito unificado del cielo y la tierra, la gente gloriosa que da su testimonio, comparte sus dificultades y participa unida en esa esfera será ciudadana de Cheon Il Guk. ¡Aju! (Amen).

Volvamos al Jardín del Edén para crear un mundo utópico y grande de jubileo que perdure para siempre con todo el cielo y la tierra y dentro del ámbito unificado que marca el cumplimiento, conclusión y realización de todo. Que el reino de los cielos glorioso, en el que servimos al nuevo cielo y la nueva tierra y al Dios liberado y la tierra natal del universo entero y todo el mundo creado, alaben a Adán y Eva. Que todo esto pueda echar firmemente raíces en la alegría en el individuo, la familia, la tribu, la nación, el mundo y el cosmos llenos del gozo del verdadero amor por toda la eternidad. ¡Aju! (Amen).

Esto seguirá existiendo como una única nación por la eternidad. ¡Aju! (Amen).

Al uniros, Japón y toda la humanidad se asentará eternamente en la familia de los Verdaderos Padres unificados de la noche y del día, y se establecerá el reino de los cielos ideal y liberado en el que serviréis a los Verdaderos Padres del cielo, la tierra y la humanidad.

Que las verdaderas preguntas y las verdaderas respuestas que surgen en el curso del cumplimiento del reino de los cielos realcen el asentamiento de los Verdaderos Padres del Cielo, la Tierra y la humanidad y la proclamación de la palabra a través del ser sustancial de Dios con esta asamblea cósmica. Y que la verdadera libertad, paz y felicidad, según la voluntad de Dios -que es el pilar que soporta el centro del cosmos-, conduzca hacia un mundo y un cosmos unificado a través de la fe absoluta, el amor absoluto y la obediencia absoluta de la gente a las declaraciones hechas en Cheon Jeong Gung (Corea del Sur) y Las Vegas (Estados Unidos).

¡Aju! (Amen).

www.ingramcontent.com/pod-product-compliance
Ingram Content Group UK Ltd.
Pitfield, Milton Keynes, MK11 3LW, UK
UKHW021912190726
13853UKWH00002B/633